Galia Sefchovich • Mary Paz Pérez

bebés
creativos

Ideas y sugerencias
para desarrollar
el coeficiente
intelectual
de tu bebé

EDITORIAL
PAX MÉXICO

COORDINACIÓN EDITORIAL: Matilde Schoenfeld

© 2004, 2015   Editorial Pax México, Librería Carlos Cesarman, SA
                    Av. Cuauhtémoc 1430
                    Col. Santa Cruz Atoyac
                    México DF 03310
                    Tel. 5605 7677
                    Fax 5605 7600
                    www.editorialpax.com

Segunda edición
ISBN 978-607-9346-53-9
Reservados todos los derechos
Impreso en México / Printed in Mexico

¡Para I. con todo mi amor!

Índice

¿Por qué bebés?

Desde hace más de 25 años, un grupo de maestros y talleristas dirigidos por Galia Sefchovich han desarrollado una metodología y una didáctica específicas para promover y fortalecer en niños mexicanos las habilidades que componen el potencial creativo y que son necesarias para establecer una adecuada comunicación para aprender a jugar y para desarrollar la capacidad de pensar.

Sabemos con certeza (por estudios y pruebas de laboratorio) que este desarrollo de habilidades es posible, pero además nos damos cuenta de que es *necesario y de vital importancia*.

De manera tradicional, en las instituciones nos preocupamos por desarrollar habilidades de inteligencia, es decir, todo aquello relacionado con el coeficiente intelectual de nuestros niños y niñas, pero hemos prestado muy poca atención al coeficiente emocional, y con ello hemos desperdiciado 50% o más de su capacidad. Por tanto, es fundamental contemplar este desarrollo de manera formal, reconocer su verdadera dimensión e importancia, para incluirlo en la currícula académica con el espacio y el peso que requiere.

Mientras la situación se modifica, necesitamos compensar estas deficiencias de la institución y ejercitar de manera sistemática la capacidad de expresión, de comunicación y de creación para mejorarlas en nuestros niños y niñas. Es urgente facilitarles el camino hacia el aprendizaje significativo*, hacia la producción de ideas, el fortalecimiento de la autoestima, la seguridad y el conocimiento de sí mismos, la autosuficiencia, la independencia, la imaginación, la fantasía y también la capacidad de tolerar y compartir la experiencia del trabajo en equipo, el cual fortalece la capacidad de vivir en comunidad.

Estas habilidades se desarrollan con un entendimiento constante y un estilo de vida permanente que estimulan al ser creativo y promueven una manera ética de vivir en la cual se incluyen valores universales como la libertad, el respeto, la paciencia, la tolerancia y la perseverancia, entre otros. Una actitud ética puede entenderse como la capacidad de elegir aquellos actos o conductas no autodestructivas que promueven el desarrollo personal propio y el de las demás personas.

---

* Aprendizaje significativo es el que nace de la necesidad de quien aprende, y no de quien enseña; el que es resistente al olvido y al paso del tiempo; el que se transfiere a distintas situaciones de la vida. Es el que se constituye como fundamento de un nuevo aprendizaje significativo.

Este entrenamiento se inicia con la vida, es por esto que hemos diseñado el programa de desarrollo creativo para bebés.

Nuestro objetivo es trabajar juntos para adoptar un sistema de actitudes nítido y estimulante entre el bebé y su entorno, mejorarlo cada día por medio de la comunicación. Deseamos hacer de la creatividad una herramienta para pensar, sentir, expresar y, en su momento, producir un estilo de vida que propicie el desarrollo del bebé en el presente, y del niño, el joven, el adulto y el anciano del futuro.

Prólogo

Gracias a la tecnología moderna, hemos podido estudiar y profundizar aún más en las distintas etapas del desarrollo humano. Hoy sabemos que el feto juega en el vientre materno porque lo vemos en los ultrasonidos y las tomografías. Sabemos también que estos juegos intrauterinos sirven como prácticas placenteras para preparar al feto con destrezas y habilidades de las que dependerá su subsistencia en el momento de nacer.

En el vientre materno aprende a mamar; hay testimonios de fetos chupando su pulgar en el vientre materno; se ejercitan también los músculos con movimientos de tipo calisténico. Durante los primeros meses de gestación, los fetos desarrollan el sentido del oído al escuchar sonidos del interior del cuerpo de la madre, por ejemplo: los latidos del corazón o el "oleaje" del líquido amniótico. El feto humano escucha la música y también sonidos estridentes, algunos de los cuales pueden incluso asustarlo.

El feto humano es capaz de crear una relación importante con su madre y también con su padre desde el vientre materno, si ambos buscan lenguajes de comunicación, por ejemplo, sonidos rítmicos de un tambor. Algunos fetos responden con movimientos a la voz del padre que "platica" con su hijo a través del ombligo de la madre. Todas estas situaciones confirman la necesidad del feto de hoy, bebé del mañana, de sentirse entendido, atendido, protegido y gozoso desde el inicio de su vida, es decir, desde el momento de la concepción.

Los chinos festejan el primer cumpleaños de sus hijos cuando estos cumplen tres meses de edad porque consideran los nueve meses de gestación como parte integrante de la vida de la persona.

Perinatólogos, pediatras, psicomotristas, psicólogos, terapistas y profesionales de la educación, entre otros, recomiendan *cultivar la relación amorosa de contacto y comunicación* con el feto, con el bebé y con la persona durante toda la vida, como medio y recurso para la salud mental y para el desarrollo.

Una relación de comunicación amorosa *no es sinónimo de una relación de enseñanza aprendizaje* en el sentido estricto de trasmitir contenidos o conceptos; tampoco es *sinónimo de sobreestimulación para adquirir destrezas y habilidades.* Una relación  amorosa de comunicación, armonía, empatía, seguridad psicológica y respeto facilita el acceso a otros tipos y niveles de aprendizaje.

Lo primero que necesita el bebé es alimento y entendemos éste como el conjunto de nutrientes de tipo fisiológico, pero también de tipo afectivo, cognitivo, psicológico y social.

En sociedades menos agobiadas por el reloj y el calendario, las madres, los padres y los adultos en general han sabido y sentido de manera intuitiva esta necesidad, por eso hay juegos universales que practican las mamás, los papás y los bebés de todo el mundo; por ejemplo: jugar a "aparecer y desaparecer" detrás de una tela, toalla, rebozo, las manos o las canciones de cuna y los arrullos.

Nacemos como seres universales capaces de crearnos y recrearnos a nosotros mismos por medio de la relación con los demás y con el entorno. Al llegar a edad avanzada, hacia el final de nuestra vida, volvemos a ser seres universales llenos de "sabiduría" que nace y se consolida en lo que llamamos nuestra experiencia de vida.

En el trayecto del nacimiento a la vejez pasaremos necesariamente por etapas de distanciamiento, tendremos oportunidades distintas, optaremos creativamente por un determinado camino de crecimiento, quizá nos someteremos de manera automática a los dictados de la moda, a la cultura a la que pertenecemos, a la política o a la economía.

A veces parece ser que tal universalidad no existe en nuestro siglo; vivimos en un mundo sobrepoblado y violento en donde la patología de moda paradójicamente es la soledad y la depresión.

¿Y cómo vamos a conseguir que nuestros bebés, niños y jóvenes se relacionen de manera sana si los espacios para el encuentro espontáneo, natural, libre, creativo de comunicación ya casi no existen?

La contaminación, la violencia urbana y la saturación tecnológica han generado que cada vez usemos menos los espacios para el juego, como parques y jardines; y han dificultado también la construcción de relaciones amorosas basadas en la comunicación, la paciencia y el respeto.

El programa de desarrollo creativo para el bebé que aquí proponemos, no pretende ser un programa académico o de estimulación temprana; más bien busca rescatar espacios de juego y relación amorosa de comunicación creativa, que si bien antes se daban de forma natural, hoy necesitamos sistematizarlos y secuenciarlos con una intención clara y precisa.

Desde que Naciones Unidas por medio de OMEP (Organización Mundial de Educación Preescolar) dio a conocer la carta de los derechos del niño y la niña, cada vez somos más los adultos que tomamos conciencia del daño irreversible que provocamos a nuestros niños y, como consecuencia, a las generaciones futuras por el hecho de cambiar las horas relajadas de comunicación, juego creativo y expresivo que respeta el ritmo natural y personal de desarrollo por el abuso anticipado del entrenamiento en destrezas y habilidades para el manejo de tecnología y contenidos. Este entrenamiento está muchas veces "disfrazado" de juegos alegres y dirigidos confunden nuestra capacidad de elegir con intuición y conocimiento nos quitan la posibilidad de ejercer nuestro libre albedrío y nuestro sentido de la ética. Aunque son atractivos, a veces su objetivo real es el comercio y no la educación, lo que acelera o frena procesos de desarrollo y aprendizaje.

Por lo anterior, esta guía didáctica está dirigida a facilitadores, puericulturistas, niñeras, pediatras y, en general, a aquellos adultos que prestan servicio y están en contacto con bebés, niños y niñas desde la casa cuna, la guardería, la familia o el maternal.

De forma especial dedicamos esta obra a los papás y mamás de hoy, que se esfuerzan por hallar entre todas las posibilidades del mercado, la mejor para todos sus hijos. Con este libro pretendemos también aclarar la confusión de esos padres para que encuentren lo que es verdaderamente bueno para sus bebés, pues ellos los conocen, los escuchan, los cuidan y los acompañan mejor que nadie.

Muchos de esos papás y mamás han encontrado respuestas autónomas organizando entre ellos pequeñas redes o grupos de apoyo y de juego que varían desde los "chats" o charlas por computadora hasta los encuentros personales

en sus casas, para reunir a mamás y bebés que, así, están juntos y comparten con otros juegos, el disfrute de conocer otras personas y, sobre todo, para comunicar de forma natural los placeres y dolores de la crianza en el siglo XXI.

A los papás y mamás que navegan a contracorriente, los que no cuentan con los recursos económicos suficientes para educar "a la moda" a sus niños, y los que en pareja sólo desean y necesitan educar la comunicación amorosa y creativa dentro de los parámetros de nuestra cultura: para ustedes va esta obra.

La posibilidad de aprender a cultivar relaciones interpersonales saludables se construye en situaciones de juego libre, espontáneo, creativo y expresivo, no siempre "excitante" y acelerado, sino a veces pausado, tranquilo, contemplativo y paciente.

El desarrollo tecnológico sólo será positivo para la humanidad si se apoya en un sólido desarrollo humano y una ética evolutiva y global, que reconozca la diversidad creativa y cultural de todos los pueblos. Para esto, la tarea inicia *en el vientre materno o quizá antes, cuando la pareja se plantea el deseo de tener un bebé y empieza a soñar en un mundo mejor para éste.*

Esta propuesta metodológica intenta ayudar a tomar conciencia de estos *valores universales* que hoy están en riesgo y así facilitar el camino para fortalecerlos y conservarlos, principalmente en la relación entre el adulto y el bebé, es decir, desde el inicio de la vida.

Esperamos que encuentren este apoyo en la experiencia que queremos compartir.

❖   ❖

Creo
que el mejor regalo
que puedo recibir
de alguien
es
que me vea,
que me escuche,
que me entienda
y
que me toque.
El mejor regalo
que puedo dar
es
ver, escuchar, entender
y tocar
a otra persona.
Cuando se ha hecho esto,
siento
que se ha establecido contacto.

Virginia Satir
En contacto íntimo

❖   ❖

Carta de una mamá

Una reflexión para compartir

Cuando tienes un hijo piensas y sientes que tu misión es darle lo mejor. El mundo en que vivimos está listo para proveer lo mejor para tu bebé en todo: en alimentación (adicionada con todo lo imaginable), en pañales que absorben litros y tienen cremas, en grupos de pediatras con distintas especialidades, en sillitas altas, de coche, botadoras y de columpio. Es un mundo preparado para recibir a todos los papás y mamás ansiosos por dar a sus hijos lo mejor que el mercado puede ofrecer y, ante tal demanda, la oferta no se deja esperar. Corremos a establecerles un horario adecuado, citas mensuales con su doctor y hasta clases de estimulación temprana. La misma clase de estimulación tiene una estructura perfecta: primero la plática de los múltiples temas relacionados con los bebés, siguen las canciones, las burbujas y el paracaídas. La verdad es que tanto las mamás como los bebés se la pasan muy bien. Entonces,

¿por qué pensar también en la propuesta metodológica de CADIR* para bebés?

En un principio, porque resulta atractivo tener un tiempo desestructurado en tu vida y la de tu bebé, un rato de juego "libre". Porque en CADIR descubres que es innecesario el material especializado que creíste de vital importancia para el desarrollo adecuado de tu bebé. De pronto resulta que unos conos de plástico que papá tiraba en la fábrica de telas hacen la delicia de tu hija durante horas, que las sábanas verdes de tu recámara son más divertidas que el paracaídas profesional de la clase de los jueves, que los lápices de chocolate pintan tan bien como las crayolas y además se pueden comer.

CADIR es diferente porque no está previamente estructurado. Lo que da a tu bebé es un espacio dónde descubrir, más que ser enseñado. Y hay mucho por descubrir, cosas distintas y a la vez conocidas, cosas que no están diseñadas específicamente para los bebés, que no traen instructivos, pero que los entretienen y los estimulan de maneras inimaginables y esto lo escribo así porque así lo viví con mi hija Daniela.

El bebé evoluciona y aprende sin que entendamos bien cuál fue su proceso porque no fue un estudiante al que le cantamos y le enseñamos, sino un científico que encontró y descubrió los materiales y elementos que se hallaban a su alrededor; jugó con ellos, los moldeó, se divirtió y se

* Creatividad y Desarrollo Integral, A.C.

aburrió, los redescubrió e incluso mucha veces le fueron indiferentes.

La maestra siempre estuvo allí para estimular, ayudar, participar, guiar, pero con un carácter sutil, sin enseñar propiamente como sucede en otra clases de estimulación temprana.

La relación entre las mamás y papás del grupo también es distinta porque no hay un tema específico por tratar en la semana; el tema es el que nos tenía preocupadas, inquietas: platicamos diez veces acerca de escuelas, dos acerca de doctores y una acerca de papillas. Hubo temas que nunca platicamos y algunas mamás no participaron en ciertas conversaciones.

En CADIR el mundo del bebé es más importante que la clase, que su estructura o que el programa. En CADIR hay bebés que se quedan viendo su imagen en el espejo durante media hora, otros que pasan de un material a otro en menos de un minuto; unos gatean, otros se mecen, unos hacen torres y el de al lado las tira. A veces cantamos, pintamos, comemos galletas, y permitimos a los bebés estimularse a su ritmo, a su modo, en lo que les gusta o les llama la atención.

MÓNICA (mamá de Daniela)

1

Fundamentos

Antes de nacer, el pequeño vive en una absoluta unidad con su mamá. No existe diferencia entre el afuera y el adentro, entre el "yo" y el "tú"; se encuentra en una amorosa dependencia. De pronto... se produce el nacimiento, tan esperado como temido por mamá.

El bebé llega a una tierra de contrastes, de adaptaciones, de nuevas sendas que, por fortuna, podrá recorrer en la mejor compañía.

Todo se vuelve una aventura y sorpresas en la existencia de este tierno ser que por fin llega al mundo. Dicen que al respirar, el bebé toma el camino de la independencia, de la autonomía, de la libertad, pero es sólo el inicio del camino. Mientras tanto, *acompañemos a nuestro bebé en su recorrido.*

Durante este maravilloso proceso de desarrollo, existen momentos importantes, los cuales describen la personalidad del bebé en el período preverbal, es decir, anterior a la palabra.

De acuerdo con el doctor Freud, el recién nacido no cuenta con los medios para mantenerse vivo por sí solo, necesita de los cuidados familiares mientras desarrolla sus propios medios para lograr su independencia. Antes de llegar a ésta, el bebé y su mamá estarán como envueltos en una misma piel. Esta piel común los conecta, sin intermediarios, en una empatía, una resonancia de sensaciones, afectos, imágenes mentales y ritmos vitales. Esto nos indica el porqué de la llamada *fantasía intrauterina*, en la cual el bebé siempre tiene la esperanza y el deseo de regresar al seno materno.

De acuerdo con Spitz y de Wolf, desde la cuarta semana el bebé se sumerge en la mirada materna, elemento esencial en el diálogo preverbal, el cual crea una comunicación afectiva.

¿Qué ve el bebé cuando mira el rostro de mamá? Winnicott mencionó que lo que el bebé ve es a sí mismo.

El bebé siempre espera una devolución por parte de la madre y cuando dicha devolución no se da, aparecen consecuencias como la disminución de la capacidad creadora del pequeño. El bebé requiere sentir que existe y esa primera sensación se la da mamá; al sentir la existencia surge el despertar del proceso vital de la creación, sinónimo de plenitud y felicidad.

Al sentir el afecto y la protección de mamá, el bebé se arriesgará a experimentar situaciones nuevas, a "crear vivencias". Recordemos la frase: "El amor es una interdependencia creativa". El amor de mamá y su bebé, es decir, tal dependencia, dará origen a la creación de un nuevo ser, el cual, a su vez, será fuente de creación.

Otro elemento en esta estrecha relación es la envoltura sonora: la comunicación comienza en la vida intrauterina, y en los sonidos que el bebé escucha está la voz de mamá. En esta primera unión, para el feto los sonidos del lenguaje son el medio de contacto que, además, irán impregnados de determinadas emociones y afectos y serán la pauta para el deseo de comunicación en el niño en etapas posteriores.

La envoltura sonora está compuesta por sonidos del bebé y de su entorno. La voz de mamá, sus ritmos y canciones ponen frente al bebé el primer espejo sonoro.

En el transcurso del primer año de vida, el bebé y la mamá experimentarán la simbiosis o interdependencia: el bebé aún se siente parte de su madre, existe una necesaria y natural unión estrecha entre ellos, sin la cual el bebé no podrá abrirse paso hacia una sana independencia.

En esta fusión, la sola presencia de mamá será suficiente para provocar respuestas en el bebé; ahí radica la importancia de repetir acciones que le provoquen placer: arrullos, música, cantos, masaje, acompañados por elementos como la mirada materna; si un bebé pudiera expresar en palabras lo que siente, posiblemente diría: "cuando miro... me ven... ahora bien, existo".

Gesell, con base en sus observaciones, comprobó que el bebé fija sus ojos en la cara de mamá cuando ella lo amamanta, lo cual crea un estado de tranquilidad que lo lleva a dormir. El rostro en sí es un estímulo en él, es decir, la mirada de la madre.

La primera etapa del proceso de reconocimiento de uno mismo es no tener rostro; la segunda, tener el del otro (mamá); y la tercera sería la percepción del verdadero rostro del "otro" como diferente al mío. El lactante reacciona ante el rostro de mamá, visto de frente, con ambos ojos visibles; además este rostro, esta mirada, proviene de la misma fuente que lo protege y alimenta.

El bebé identifica de modo temprano (horas, días, semanas) la voz de mamá y también su aroma; esto lo expresa con agitación. Al aumentar sus capacidades de discriminación sensorial, efectos motrices y significados busca nuevas experiencias y a cada logro, un sentimiento de omnipotencia se apodera de él y su energía aumenta debido al éxito. Este proceso es indispensable para la reorganización continua de sus esquemas senso-motores y afectivos.

Las actitudes inconscientes de la madre –deseos, precauciones y afecto– facilitan las acciones de su bebé, el cual recibirá esas señales durante los primeros meses de vida por medio del equilibrio, temperatura, tensión, tonos, posturas y vibraciones. Mamá y bebé se comunican en un clima afectivo exclusivo entre ellos. Poco a poco, el bebé avanzará de la pasividad de los primeros meses hacia una mayor actividad.

A partir del cuarto mes y hasta los seis meses inicia el establecimiento de la relación *objetal*. Cuando mamá "desaparece" de su lado, él no entiende el porqué, sólo siente un vacío; cuando ella regresa, él deja de sentir esa ansiedad por la pérdida de su principal objeto (mamá) y recobra su afecto básico, adquirido por el bebé durante sus primeros meses mediante contactos, caricias, límites claros y amorosos. Esta seguridad es el puente para lograr un *yo sano* y un *yo valgo*.

Otra etapa importante en el desarrollo del bebé es el proceso de *individuación* que inicia desde el momento en que se da la relación objetal hasta los tres años de edad.

Entre los ocho y nueve meses de edad aparece en el bebé la *reacción ante extraños*, es decir, aún se resiste a ser separado de mamá. Poco a poco permite el acercamiento con otras personas, pero necesita volver de inmediato a los brazos maternos. Esta cercanía y alejamiento, este aparecer y desaparecer momentáneo, así como el comienzo del gateo, indican el momento emocional y motriz que vive el bebé. Inicia la separación: un desplazamiento lejos de la primera figura, aunque regresa a ella, pues finalmente continúan unidos. Por una parte desea renunciar a dicha independencia que le ofrece la vida, pero por otra, sus necesidades motoras y cognitivas lo empujan a seguir su propio proceso natural.

El bebé gatea buscando la aprobación de mamá, como una forma de retroalimentación; gatea y regresa a ella, la provoca, la mira; entonces entra en juego su cognición.

A los 12 meses, mamá ya existe en la mente del bebé. En esta etapa está maduro para la marcha y confirma que puede alejarse sin que mamá se vaya.

Observamos que durante el proceso de desarrollo del bebé existen tiempos de cambio, momentos de transición básicos para la formación de su seguridad. Cada vez que se presente un momento de cambio, el bebé volverá a sentir esa ansiedad que estuvo presente desde sus primeros meses. Así, la madre ayuda a su bebé en los procesos de adaptación que tendrá que experimentar, una adaptación activa y dirigida a las necesidades propias del niño, quien necesita enfrentarse con pequeños fracasos cotidianos que lo formarán como un ser fuerte interiormente. Se requiere de una mamá que se *preocupe tranquila y con suavidad* por la maduración de esa nueva creación; que acompañe y se retire a tiempo tomando en cuenta las potencialidades de su bebé, así como de los medios naturales con los que ella misma cuenta: su experiencia al reconocer que *la frustración tiene un límite de tiempo*, una creciente percepción del proceso, una integración del pasado, presente y futuro de acuerdo con sus recuerdos, fantasías y vivencias.

Si el bebé experimenta cualquier sensación de separación, como con el control de esfínteres, el manejo y la aceptación de límites, vivirá también la ansiedad. Es posible que en esos momentos la mamá le mande el mensaje de "independizarse está bien, no me enojo, por tanto, me alejo".

En la propuesta de Creatividad y Desarrollo Integral (CADIR), cuando los pequeños entre ocho y diez meses participan en las sesiones y el grupo de mamás interactúan con sus bebés este proceso se vive de manera espontánea.

Los bebés escuchan otras voces, observan a otros bebés con necesidades parecidas o desconocidas; enriquecen su mundo al descubrir el ámbito de la socialidad, de recibir y dar de diversas formas y a distintas personas; disfrutan cuando se adaptan y logran así un "yo" más fuerte, más maduro.

Durante la sesión de *Bebés creativos,* el bebé llegará a la creación, influirá al mundo saboreando el éxito que le provocará descubrir y crear algo nuevo; el éxito será un apoyo constante para superar las dificultades que se le presenten. Esto fomentará su deseo de aprender y aumentará la confianza en sí mismo de modo gradual.

Con la práctica y observación de la relación entre mamá y su bebé, el facilitador sirve de canal para que ella reencuentre el rostro de su bebé y su propio rostro. También para que *los especialistas retomemos la importancia de crear espacios donde la calidez y el diálogo corporal sean nuestros mejores instrumentos,* que sirvan de catalizadores de la maduración en las relaciones psicoafectivas de los primeros años en la vida del pequeño.

MARGARITA LUNA QUIROZ

2

Trabajo con bebés

El trabajo que hacemos con los bebés está inspirado en la línea del psicomotrista Bernard Aucouturier, en las investigaciones del psiquiatra Gerard Mandel, en nuestra experiencia de más de 25 años de trabajar con niños y bebés, en nuestra investigación educativa acerca del desarrollo creativo y de expresión, así como en la práctica viva y siempre actual de nuestra maternidad.

Podemos decir que *nuestro interés es trabajar sobre la* **unidad básica del placer,** que los pequeños, cuando son bebés, están en proceso de construir y de fortalecer.

¿Qué es la unidad básica del placer?

La teoría explica que al nacer, el cuerpo pierde el continente seguro de las paredes del útero y el líquido que sostiene al feto, y el bebé se percibe a sí mismo disperso en una especie de letargo sin reconocer dónde empieza su cuerpo y dónde termina. Cuando el bebé duerme, está tranquilo; al despertar vive un estado de cierta angustia, pues se siente perdido en el espacio. Cuando el adulto lo atiende, el bebé se tranquiliza, ya que por medio de los sentidos le es fácil reconocer sus fronteras corporales.

Evidentemente el tacto, las caricias del adulto y las atenciones, como la limpieza, ayudan al bebé a aminorar su angustia, ya que, como mencionamos, mediante dicho sentido reconoce su cuerpo.

El gusto y la oralidad, en general, se satisfacen al comer y al mamar. En este momento el bebé establece un "diálogo" con la madre, conocido como *diálogo tónico corporal*, el cual se establece cuando el ritmo del bebé y el de su mamá se van armonizando.

Tanto la voz del adulto como los estímulos musicales fijan la frontera auditiva; asimismo, los colores llamativos y los objetos que se mueven delimitan la frontera visual. La cercanía, el olor de la madre y el uso de cremas, talcos o perfumes ayudan a marcar la frontera olfativa. Este "diálogo" con la madre, un ser que da seguridad, delimita y contiene: es la primera piedra que el bebé pone para ir construyendo su vida afectiva. Este fundamento en su vida afectiva se convierte entonces en el cimiento para construir, poco a poco, toda su estructura interna.

La unidad básica del placer se conforma durante los primeros seis meses de vida y hasta los tres años seis meses. El trabajo del bebé es afirmarla, solidificarla, retroalimentarla, descubrir los límites entre éste y el otro y comprender cuánto del otro (es decir la madre) debe "vaciar" de sí para constituirse él mismo. Así, de manera gradual, va añadiendo juegos, habilidades y destrezas que le permitirán incorporarse a la vida y a su medio, y vivir este proceso fundamental de diferenciación. De ahí que para el bebé, la palabra *yo* sea el símbolo de crecimiento y de madurez, porque es señal de que se comprende a sí mismo como un ser separado, independiente y único.

En esta conquista de sí mismo, el bebé transita por etapas: en la primera se establece de manera inconsciente la dinámica del placer a nivel corporal con los cuidados de la madre y con el contacto de ciertos objetos (móviles, peluches, sonajeros, entre otros).

Una segunda etapa es el encuentro con el "otro", el cual ya no es la madre, el padre o el adulto, sino probablemente alguien de su edad, quien también está en el proceso de diferenciarse y constituirse como un sí mismo. Este encuentro con el otro supone una paradoja, una dialéctica, pues

por un lado lo vive con placer, pero, por otro, por primera vez descubre el disgusto de tener que aceptar a otros con las mismas necesidades.

Es común en esta etapa que los niños hagan berrinches en un intento por manifestar que han descubierto el disgusto, pero también aprenderán a contenerlo o dominarlo. El bebé ensaya por primera vez cómo ser dueño de sus sentimientos, y no a reconocer sólo las sensaciones que hasta ese día había explorado, como el hambre o el sueño.

Algunas veces los adultos no entendemos que los berrinches son una manifestación natural de la edad, como un lenguaje que quiere decir: *yo quiero estar con otro, pero no sé bien cómo.* La conducta entonces se convierte en una manipulación de la culpa y la inseguridad del adulto. Cuando el adulto se siente inseguro y culpable, el niño pierde a su continente de seguridad y ambos pueden caer en un círculo vicioso, en cuyo caso el adulto es quien debe romper ese círculo, pues tiene experiencia, ya que prevé el futuro y porque comprende el momento psicológico del desarrollo de su pequeño, que pide, de la mejor manera que puede hacerlo, seguridad, es decir, *límites.*

En esta etapa, el niño manifiesta su nivel de madurez a partir del uso de palabras sencillas que maneja como conceptos, generalmente: *yo, mío, mamá, papá, agua* y *otro,* que son de las primeras que aparecen.

Ver y sentir que el otro es igual de importante, también supone el esfuerzo de ejercitar la tolerancia de pequeños "abandonos". Cuando el *otro* se va y el bebé aún no ha comprendido la noción de permanencia, llora porque ha perdido su continente de seguridad.

Gradualmente, a partir del juego y de la relación clara y verdadera con el adulto y con otros bebés, es posible ayudarlo en la construcción de dicha noción de permanencia. De modo que, cuando alguien o algo no está presente, el bebé confía en que "regresará" o "aparecerá", es decir, que *no necesita depender constantemente de esa presencia.* Por ello la importancia de juegos universales como: meter-sacar, hacer-deshacer, aparecer-desaparecer, construir-tirar, dar-quitar, entre otros, pues ayudan a la consolidación de la tolerancia a las pequeñas "ausencias" en las que experimenta la soledad.

Es importante practicar con los objetos *porque el bebé adquiere el sentido de permanencia y descubre la riqueza personal* y entonces no vive la soledad con miedo. Cuando un pequeño ejercita estos juegos, tolerará con mayor facilidad la ausencia del adulto y aceptará de mejor grado ingresar a la escuela maternal.

Un niño que comprende la noción de permanencia no tendrá dificultad en dejar el pañal o en permitir que su orina o su excremento se "vayan" por el excusado.

La estructuración del sí mismo sólo se logra a partir del otro, a partir de la seguridad y la confianza, a partir de los límites.

La tercera etapa es comprender que *yo más tú, somos nosotros.* Cuando aparece la idea de *nosotros*, también aparece la idea de "ellos" o "los otros"; éstas son señales que ayudan a determinar en qué momento está listo el niño para ir al maternal o, en el caso de CADIR, de pasar al taller.

El cuerpo es el instrumento más cercano al niño para conquistar estos retos; los movimientos básicos de locomoción favorecen el proceso de la conquista de sí mismo y dan al niño seguridad personal y una autoestima sólida, lo cual le permite interactuar con los adultos, con otros niños, con animalitos o con objetos, es decir, *en la vida, su vida.*

La construcción y consolidación de la unidad básica del placer, si bien es cierto que se constituye en los primeros años, se refuerza, adapta y verifica durante toda la vida. De ahí la importancia de ofrecer un espacio para encontrarse y reencontrarse con el otro y con objetos, y practicar habilidades y destrezas en grupo, tanto cognitivas como emocionales y afectivas.

En la experiencia de dicho encuentro, nos interesa que *todas las mamás interactúen con todos los bebés*; de este modo, el bebé descubre muchos adultos cariñosos y distintos modos de relacionarse; por su parte, la mamá encuentra formas variadas de lenguajes verbales y no verbales mediante los cuales fortalecerá la comunicación con su bebé. También disfrutamos y aprendemos al escuchar a las mamás platicar y compartir sus experiencias en esta maravillosa aventura que supone el encuentro del ser humano y la comunicación.

Para nosotros en CADIR dicho encuentro consiste en *trabajar en lo profundo de la psique del niño*. Es posible que durante la sesión parezca que no pasan cosas porque quizá es *más atractivo enseñar en vez de propiciar el descubrimiento*; sin embargo, la mayoría de las veces el nivel de aprendizaje que se adquiere al enseñar está basado en *la memoria y no en la experiencia, por lo que no lo consideramos significativo*. Cuando partimos del descubrimiento y la práctica de la observación de uno mismo, el resultado es el aprendizaje significativo que, como ya vimos, es *un aprendizaje que nace de la necesidad de quien aprende, resistente al olvido y transferible a distintas situaciones*, por lo que se convierte en el cimiento de nuevos aprendizajes esenciales.

Para completar este escrito ofrecemos a continuación un listado de los movimientos básicos de locomoción que no necesariamente aparecen el en orden como suceden en la vida del bebé. Todos estos movimientos los hemos practicado en nuestra infancia y hoy podemos evocarlos en nues-

tra memoria. El fin de dichos movimientos es que puedan seguir ofreciendo oportunidades de exploración y autodescubrimiento en otros espacios a sus bebés y niños pequeños. Tales movimientos son: girar, balancearse, caer o saltar, cambiar de posturas en el piso, establecer contacto con el piso, envolverse, mantener el equilibrio, caminar, experimentar la caída profunda al vacío, empujar, construir y destruir, esconderse y aparecer, aislarse o alejarse y acercarse, expresar júbilo o alegría, vaciar y llenar, tomarse, agarrar o soltar, trepar, subir, bajar, deslizarse, entrar, salir y jugar a dormir.

Programa modelo

El programa de desarrollo creativo para bebés que proponemos está constituido por técnicas que las mamás de todas las partes del mundo y todas las culturas han usado de manera natural para ayudar a sus bebés a crecer y adaptarse al medio.

Hemos ordenado estas técnicas a partir de dos fuentes: por un lado, la experiencia que hemos obtenido como mamás y por el otro, del trabajo con grupos de mamás y sus bebés. Al estar ordenadas y en secuencia, dichas técnicas van a permitir no sólo el desarrollo del bebé y el fortalecimiento de su relación con la mamá y los adultos, sino que también darán la posibilidad de ver crecer al bebé y disfrutar de sus conquistas.

Realizar las técnicas en un centro pedagógico da la libertad total al bebé para explorar con materiales seguros, sin generar que mamá se preocupe si rompe, ensucia o desordena el lugar. Para el bebé el espacio es una aventura y al explorar la sala, ésta se convierte en su espacio. (Para los grupos de mamás que se reúnen en casa con este fin, recomendamos que tomen todas las medidas de seguridad necesarias, así como la vigilancia constante.)

Los grupos se constituyen con bebés de distintas edades para promover el intercambio entre los pequeñitos y los mayores. De este modo se ejercitan la paciencia, la tolerancia, la capacidad de compartir, el riesgo inteligente y el autoaprendizaje; es decir, todos los códigos y formas sociales que nos acompañan durante la vida.

Las mamás permanecen en la sala y colaboran con el bebé en su afán por descubrir, apoyando y atendiendo también a otros bebés, lo que aumenta en ambos su habilidad para comunicarse.

La convivencia y el intercambio entre las mamás funciona como grupo de apoyo en el cual se pueden compartir y resolver dudas relacionadas con los temas cotidianos del desarrollo y la atención del bebé.

Las técnicas en sí mismas revolucionan algunos conceptos, ya que están apoyadas en materiales reciclables, desechos sencillos de uso común y de elaboración casera. Estos materiales también contienen *un mensaje ecológico de validación,* y funcionan como un reto a la inventiva y a la creatividad tanto del bebé como de los adultos involucrados. Se presentan como oportunidades para proponer y resolver en equipo a partir de la experimentación con el cuerpo, con el otro y con el espacio.

Dichos materiales, que contienen de forma implícita un reto y un mensaje, funcionan como compensadores frente a la sobreestimulación que ofrece nuestra cultura consumista acerca de lo "desechable", o bien de la gran cantidad de juguetes programados electrónicamente *que, aunque tienen su función, no siempre estimulan la creatividad o no siempre son un apoyo para el desarrollo emocional y afectivo; la mayoría de los juguetes comerciales son un estímulo para el aprendizaje de habilidades cognitivas únicamente, pero las personas no somos sólo cognición.*

La calidad de la pedagogía y del encuentro con el otro no está en el costo de los materiales, sino en el sistema de actitudes nítido y confiable del adulto.

Buscamos una comunicación constante con los bebés y las mamás para saber qué *necesita* cada quien (insistimos en

lo que el bebé necesita pues no es siempre lo que quiere, ya que querer y necesitar son cosas distintas y para cada una de ellas la respuesta del adulto debe ser también distinta); observamos sus logros, retroalimentamos su proceso, *estamos disponibles para escuchar y, de este modo, promover una mejor capacidad de respuesta de todos para todos.*

Este trabajo equivale a poner las piedritas blancas que marcan el camino hacia una relación profunda de amor, a la comunicación y al encuentro creativo de todos nosotros; hacia la construcción del sí mismo de cada bebé del grupo y, en especial, de la calidad de la relación entre la mamá y su hijito o hijita.

Sala

La sala debe ser un lugar amplio, iluminado, bien ventilado y acogedor, con acabados que faciliten su limpieza. Todos los materiales y muebles deben ser movibles, portátiles o de manejo sencillo. La sala es un espacio "convertible" que *cambia y se adapta a las distintas necesidades* tanto de los bebés como de los adultos que intervienen en la sesión.

No está por demás decir que todos los objetos que se utilizarán deben ser muy seguros; por ejemplo: no sirven los que son de vidrio, ni punzantes; además, los muebles o las bancas y rampas deben tener las puntas redondeadas o estar

21

bien lijados y sin astillas, deben estar cubiertos con formica, papel adhesivo o pintados con esmalte o laca de calidad; los contactos eléctricos que estén al alcance de los bebés deben ser cubiertos con cinta adhesiva. Debe cuidarse que no haya objetos demasiado pequeños que pudieran ser tragados, los cuales pueden atorarse y causar daño; tampoco debe haber cables peligrosos.

Algunos muebles son indispensables, otros pueden ser sustituidos o acondicionados, de acuerdo con cada presupuesto.

Por nuestra parte, preferimos mantener un presupuesto accesible y trabajar con materiales que estimulen el pensamiento creativo. Además, en una cultura como la nuestra, nos parece importante insistir en el mensaje ecológico que implica utilizar materiales de este tipo. Sabemos que la pedagogía de calidad no está en el costo de los materiales, sino en *el sistema de actitudes, la ética, la escala de valores y en la preparación de los adultos que interactúan con los bebés y niños.*

El piso de linóleum es el ideal porque es cálido y fácil de limpiar y secar; sin embargo, conviene tener a la mano un tapete o alfombra de pelo corto que pueda ser enrollado.

Un espejo es indispensable, de preferencia que sea grande, el cual debe estar empotrado o colgado sobre uno de los muros. Antes de colocar el espejo debe pegarse papel adhesivo a toda su superficie en la parte de atrás para que, en caso de que se rompa, los vidrios queden adheridos y no causen un accidente. Dicho espejo debe ser cubierto con una cortina corrediza de fácil manejo.

Siempre será útil tener a mano una banca que sirva de mesa, o bien, para subirse y mirarse al espejo. Esta banca se pega al muro o se acomoda, según se requiera: para abrir la cortina y usarla frente al espejo, como mesa, rampa, túnel, puente, entre otros.

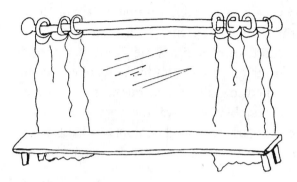

Para guardar el material será necesario tener un clóset, canastos o tinas de plástico, además de un mueble resistente de entrepaños, preferentemente con ruedas de esfera para moverlo según sea requerido. Dicho mueble servirá para guardar el material diverso utilizado en cada sesión de acuerdo con el programa y para que los bebés lo tengan a su alcance.

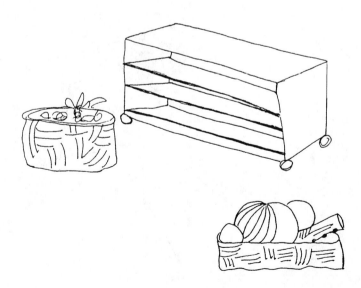

Hará falta también una rampa, la cual será un artículo indispensable de estímulo para los pequeños. Para construir una es necesario un tablón o una hoja completa de madera o triplay duro, resistente y sin bordes astillados que será forrado con formica lisa y de color neutro (también se puede forrar con papel plástico autoadherible sin diseño y de color neutro). Tener una rampa sin un dibujo previo, permitirá cambiar creativamente su textura o color; por ejemplo: pegarle figuras de colores brillantes o crear diseños con tiras de cinta adhesiva de colores metálicos como

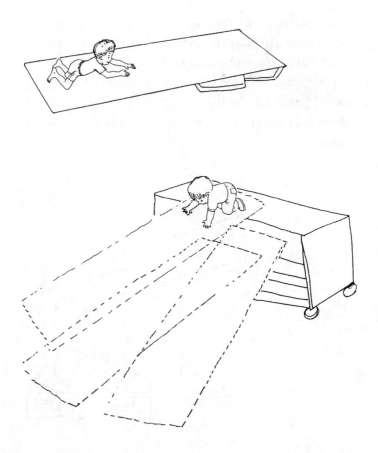

una cuadrícula, etcétera y después de un tiempo variar la decoración, retirando la anterior con acetona o agua y jabón para una limpieza adecuada. Respecto a la textura de la rampa, ésta puede ser forrada con cartón corrugado, franela, cuerdas o cordones o figuras hechas de papel de lija fina o "burbuja" para embalaje, entre otras posibilidades. Los cambios de diseño en la rampa, así como su altura deberán estar de acuerdo con el grado de dificultad que corresponda al nivel de desarrollo de los bebés.

Al inicio, en el nivel introductorio, la rampa puede acomodarse sobre cojines o almohadas y, poco a poco, usando el mueble como soporte, variar su altura.

Música durante la sesión

Durante la sesión, la sala no es silenciosa; por lo general, conviene escuchar el ruido natural que hacen los bebés, pues es por medio de estos balbuceos que los bebés "conversan" entre sí y con los adultos.

Los bebés disfrutan del balbuceo y les agrada escuchar y reconocerse mediante el timbre de sus voces. Pero, además, hay música "para bebés" o para "aprender mejor", como la de Mozart que estimula ciertas zonas neuronales y promueve el desarrollo del pensamiento lógico. Por este motivo, será de gran utilidad que haya música, pero es preciso darle *un espacio especial, el volumen adecuado y, sobre todo, seleccionarla con cuidado: hay música que relaja y otra que activa. En pedagogía buscamos una escucha atenta y participativa,* no un fondo musical que a veces sólo contribuye al ruido y entorpece la comunicación.

Una manera para seleccionar la música es escucharla varias veces y registrar con atención lo que cada obra produce en nosotros: si nos relaja, alegra, altera o irrita, es decir, saber con precisión qué provoca pues, en general, podemos inferir un efecto similar en los demás. Podemos hacer lo mismo respecto a las canciones infantiles. Algunas rescatan tradiciones de nuestra infancia, de nuestra cultura y deseamos compartirlas. Cuando produce placer, aumenta la comunicación entre los adultos y los niños, así como favorece los períodos de concentración y atención; de tal modo, la música se convierte en una herramienta pedagógica importante, pero es necesario saber con qué fin queremos utilizarla, es decir, en el momento y el lugar adecuados, y para cada grupo en especial.

6

Adultos

El facilitador

Es la persona responsable de crear un ambiente de confianza y bienestar tanto para los bebés como para las mamás. Dicho ambiente se logra a partir de la escucha empática, el respeto, la *lectura de grupo* y la respuesta a las necesidades de los participantes.

¿Qué es la *lectura de grupo*?, ¿cómo se consigue?, ¿cómo se usa?

Éstas son algunas cosas que podemos "leer" en un grupo y que sirven para descubrir lo que cada participante y el grupo en general necesita en un momento determinado.

En general hacemos esto de forma natural, pero para que sea más eficaz debe hacerse con intención, a conciencia y de manera periódica y constante.

Por ejemplo, "leemos" quién juega con quién, quién pelea con quién; el nivel de ruido, la cantidad de luz; si hace frío o calor, si los bebés están vestidos de acuerdo con el clima y las actividades que se proponen; quién platica con quién y de qué, o qué preguntan; si alguien está solo; quién ríe, quién llora, quién se concentra, quién hace algo nuevo, quién sigue tenazmente practicando algo anticuado, quién quiere dormir, quién no quiere irse, quién va al baño solo o sigue usando pañal; qué material es ahora el favorito o cuál ya no atrae la atención, o quién está triste cuando siempre viene contento, etcétera.

Estas observaciones o "lecturas" son el apoyo para ambientar la sala de un modo o de otro, para proponer cierto material o un juego distinto..., en fin, son las herramientas para confirmar, trazar o diseñar la ruta de trabajo cada vez de mejor manera.

La "lectura de grupo" es un concepto desarrollado por la doctora Gisèle Barret, en su modelo "Pedagogía de la situación en expresión dramática y educación", y se refiere a la habilidad que desarrolla el facilitador para detectar y dar significado a las señales y conductas de los partici-

pantes de un grupo, el tiempo y el espacio de la sesión, así como los factores externos (el clima, las noticias y el contexto general) determinantes del clima psicológico, la producción de ideas y el desarrollo de los participantes.

El facilitador, como diría la doctora Barret, debe *ser* (autoobservarse, cultivar un sistema de actitudes ético, valorar, ser congruente en su quehacer, tener un estilo propio de acuerdo con su forma personal, vivir su vocación), *saber* (leer, investigar, actualizarse, apoyar su práctica en la teoría, conocer su cultura), *saber hacer* (conocer sus metas y objetivos, tener y aplicar un método congruente, intervenir en forma precisa y dejar a la persona descubrir todo por sí misma, fluir y crear en y con la situación) y *saber estar* (ser presencia afectiva motivadora, paciente, respetuosa, pertinente, continente y segurizante).

Las mamás

- Es importante que apoyen a su bebé y a los demás bebés por igual. Deben relacionarse con todos, de modo que expandan su repertorio de comunicación y su capacidad de entrega, mientras que su bebé explora formas de comunicación con distintos adultos y se independiza.
- Es necesario que estimule, consuele, anime, trabaje y juegue con su bebé y con otros bebés haciendo aquellas cosas que causen placer a ambos.

- Se requiere que participe activamente con gestos, lenguaje corporal y verbal, que cante, intercambie roles, proponga e invente.
- Es recomendable que comparta sus experiencias relacionadas con las etapas de crecimiento de su bebé.
- Es importante que mantenga una actitud amorosa frente a todos los bebés, lo cual genera un clima de seguridad psicológica y de confianza y afecto hacia todos, pues sólo a partir de la creación de dicha atmósfera se produce el desarrollo.
- Las mamás contribuyen con su presencia a establecer los límites de seguridad para ayudar a los bebés a convivir dentro del grupo y aprender a estar con las demás personas. Las mamás en el grupo son la intuición, la esperanza, la frescura, la ilusión, así como la comunicación; representan la parte más hermosa de la riqueza humana, la fe y la certeza de que este mundo puede ser mejor para todos, y ese mensaje compartido se potencia.

Bebés

En cuanto a los bebés, realizan diversas actividades como:

Explorar, gatear, subir, bajar, arrastrarse, caminar, saltar y atrapar, sacar y meter, quitar y dar, empujar, jalar, rodar, gritar, gozar, estar en silencio, encontrarse con el otro, "aparecer y desaparecer", comunicarse, imitar, repetir sonidos, imitar movimientos y/o gestos, correr pequeños riesgos inteligentes, compartir y deleitarse al irse construyendo a sí mismos mediante la dinámica establecida con los adultos, los objetos, otros bebés y con el facilitador. De este modo, los bebés encuentran el

espacio para desarrollar sus habilidades motrices, construir sus relaciones interpersonales y sus códigos sociales, establecer formas distintas de pensar y de actuar, practicar maneras diversas de comunicar, compartir y responder, y el aliento necesario para inventar y descubrir, para fracasar y volver a intentar constantemente.

8

Sesión

Al entrar a la sala habrá un rotafolio o pizarrón donde se anotan los objetivos de cada sesión, se hacen propuestas, se expresan expectativas y se explica lo que se pretende lograr con los diferentes materiales, de tal modo que las mamás tengan una idea inicial o un punto de partida clave del trabajo.

La sala estará ambientada y lista antes de que lleguen las mamás con sus bebés. El facilitador se encontrará en la puerta, disponible y atento, según lo solicite cada participante.

Al entrar, los bebés explorarán libremente la sala ambientada y estructurada de acuerdo con la hi-

pótesis del trabajo de cada día. Durante la sesión todo cambiará de sitio para responder a las necesidades de los bebés en cada momento, de modo tal que el espacio se reestructura con la ayuda de los bebés y las mamás, tantas veces como sea necesario.

Cada sesión tiene objetivos específicos, pero el facilitador determina el ritmo y los tiempos para conseguir aquéllos, así como los cambios en la ambientación. Para ello debe tener capacidad para hacer las *lecturas de grupo* y comprender las necesidades de cada bebé y cada mamá.

En este trabajo tenemos previsto objetivos a corto, mediano y largo plazos, tanto a nivel individual como colectivo.

Durante el tiempo que los bebés exploran, la persona a cargo debe observar de manera activa para captar lo que necesita cada uno de ellos y dárselo. Es el momento de mostrar con *acciones concretas* a la mamá lo que puede hacer para comunicarse cada vez mejor y maximizar el desarrollo de la relación con su hijito o hijita.

El programa es en sí una *propuesta,* pero puede ocurrir que en la sesión se requiera algo diferente, por eso es necesario estar siempre abierto a cualquier posibilidad.

De 9 a 12 meses

Los materiales que pueden ser usados en esta etapa son *siempre seleccionados con base en las habilidades y el nivel de coordinación:* papel sin color, instrumentos de percusión sencillos y de elaboración casera como sonajas hechas con botellas bien cerradas de plástico en cuyo interior se ponen botones o semillas, platillos, cazuelas, cucharas, llaveros; objetos sonoros en general, como tambores que pueden hacerse aprovechando las cajas vacías de leche, de galletas o cereal; muñecos de tela o de peluche, telas y mascadas; títeres de fabricación casera a base de medias, calcetines rellenos de estopa y cerrados; mobiliario como bancos chicos o mesitas que sirvan de apoyo para ponerse de pie, para empujar o jalar.

De 12 a 18 meses

Los materiales para usarse en esta etapa son: pasta para amasar (vea el recetario), crayolas gruesas, cajas para rellenar y vaciar, ruedas, revistas, libros con ilustraciones y catálogos, túneles o laberintos construidos con cajas grandes de cartón, vigas anchas de equilibrio marcadas en el piso con cintas adhesivas de colores, todo aquello que sirva para construir como, cubos de esponja, cartones de huevo, cajas vacías forradas de tela, rampa y cojines, bancos y escaleritas, también rimas sencillas y canciones para hacer mímica.

De 18 a 24 meses

El bebé ya corre, sube y baja escalones, sube la rampa parado, salta con ambos pies, construye torres y trenes largos para después destruirlos y volver a construirlos; canta, imita sonidos y gestos, camina por el tablón o viga de equilibrio a poca altura del piso, juega a girar y sentir vértigo.

En esta etapa pueden usarse recipientes pequeños para que el bebé introduzca objetos aún más pequeños; recipientes con tapas para abrir y cerrar; cajones o tinas con agua, arena o semillas; canciones y rimas muy sencillas para hacer mímica.

Los bebés revisan las partes del cuerpo en el espejo y las nombran; dos o más bebés señalan las diferencias y afinidades; los objetos utilizados pueden ser de madera o cartón, comienzan a experimentar con masa, pintura de dedos, agua, jabón, crayolas, papel y, al final, en las últimas sesiones, con engrudo y a practicar con instrumentos sencillos de percusión para repetir ritmos simples y para jugar al ruido y al silencio.

La sesión debe ser sumamente placentera ya que es uno de los principales objetivos del trabajo. Los bebés, las ma-

más y el facilitador deben disfrutar, pues esto facilita la libertad y el aprendizaje creativo y significativo.

En algunas sesiones es recomendable hacer un breve descanso mientras se escucha alguna música relajante; durante este receso, las mamás pueden "apapachar" o dar un suave masaje a su bebé; también pueden cantar canciones de cuna y arrullarlo; aunque este descanso no es rutina obligada de cada sesión.

También está la *puesta en común* (cuando mamás y bebés se sientan en círculo para compartir lo que fue la sesión), la cual sugerimos como retroalimentación de las mamás, para revisar logros, enfatizar algo, ver errores, compartir experiencias, contar cuentos o practicar canciones y juegos de manos.

Para los mayorcitos esta *puesta en común* es un ritual que anuncia la despedida, un momento para recordar, repetir sonidos o gestos, imitar acciones y también para ¡festejar cumpleaños! y ver ¡cuánto hemos crecido y compartido juntos!

La despedida debe ser cordial, tanto para los bebés como para las mamás. El trabajo se hace de manera que no se formen dependencias afectivas; más bien promoviendo la autonomía y la independencia. Sabemos que si el bebé practica estos pequeños rituales, irá construyendo dentro de sí la noción de permanencia; sabrá que nos vamos pero regresamos, de este modo fortalecemos su confianza y facilitamos su ingreso al preescolar, como mencionamos antes.

Materiales

9

- Pizarrón de rotafolio.
- Plumón (para uso del facilitador).
- Grabadora de audio con buen sonido.
- Botiquín pequeño de primeros auxilios (para atender raspones o chipotitos inesperados, cólicos o vómito).

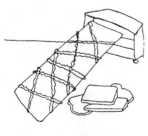

- Clóset o armario.
- Banca.
- Mueble de repisas.
- Canastos o tinas de plástico que sirvan para guardar el material.
- Espejo con cortina.
- Rampa.
- Cojines de todos tamaños y forrados con telas lavables y de colores vivos.

- Pelotas de diferentes tamaños y texturas que no quepan en la boca de los bebés.
- Algunos muñecos de trapo, sin pelo artificial, lavables y con los ojos de tela o, bien, cosidos.
- Botes o cajas para destapar, meter y sacar objetos (pueden ser de galletas, zapatos, chocolates, entre otros).
- Cualquier objeto grande, vistoso que no implique riesgo, como sombreros, cilindros de hule espuma, colchonetas, entre otros.
- Instrumentos de percusión sencillos (hechos por el facilitador y las mamás).
- Bancos de plástico fáciles de mover, jalar, empujar, apilar, entre otros.
- Escalerilla resistente de aluminio o madera.
- Telas de diferentes colores, texturas y tamaños.
- Hamacas o sillas mecedoras, chicas y medianas.
- Por lo menos dos albercas inflables.
- Cartones de huevo pintados de colores, cuadrados, rectángulos o triángulos hechos de cartón y partidos por mitad.
- Cajas de cartón grandes y medianas rellenas con estopa o unicel y forradas con papel adhesivo de colores.
- Lentes de juguete o antifaces que tengan plástico o papel celofán de colores varios.
- Teléfonos, de preferencia de tamaño natural (pueden ser aparatos descompuestos).
- Llantas de hule inflables (las que se usan en la alberca).
- Mesa o tablón acondicionado para cambiar pañales, donde haya toallitas húmedas, talco, crema humectante para bebé y un bote con tapa para la basura.

- Juguetes con rueditas para empujar y jalar de varios tamaños (sin cuerdas, ni palos).
- Trompos y perinolas grandes.
- Accesorios y juguetes sencillos, de reciclaje de acuerdo con las ideas del facilitador y de las mamás. Deberán estar dirigidos siempre a inducir a los movimientos básicos y universales de locomoción, a los juegos y prácticas de los bebés y a la estimulación agradable y moderada de los cinco sentidos.

Para cada sesión hay materiales básicos que se agregan o quitan de acuerdo con las necesidades, pensando siempre en agotar las posibilidades de cada material para motivar la exploración y desarrollo del potencial creativo de los bebés y las mamás.

Es importante que los materiales permanezcan el tiempo requerido por los bebés. Los adultos tendemos a aburrirnos al ver el mismo material, sin embargo, los bebés necesitan repetición, por ello debemos estar seguros de que ya agotaron la exploración de cada uno de ellos.

El mejor criterio para modificar los materiales y su disposición en la sala es la *lectura de grupo* hecha por el facilitador. Éste toma en cuenta los avances y retrocesos, los comentarios y opiniones de las mamás, el nivel de ruido y de actividad, las risas, el llanto y los distintos lenguajes de expresión; las relaciones interpersonales de las mamás y también de los bebés con los adultos y con los objetos.

La *lectura de grupo* es una técnica de observación de eventos y detalles del ambiente exterior, de la sala, de los materiales que usan los bebés, de las mamás y requiere una constante observación por parte del facilitador. Estos recursos permitirán plantear una hipótesis de trabajo, cuyo objetivo es *producir un desarrollo creativo, una expresión y una co-municación de todos y para todos de una manera placentera.*

De acuerdo con la hipótesis que el facilitador se plantee, puede proponer juegos, pequeñas dinámicas, rutinas, pequeños rituales, y el uso de materiales, además de todos los apoyos necesarios para lograr el éxito de cada sesión.

10

Algunas sesiones como ejemplo

Hoy con mi bebé. Primera sesión

La primera sesión se repite aproximadamente cuatro veces haciendo pequeños cambios en la disposición de la sala hasta que los bebés reconocen el espacio desde que llegan y hasta que se sientan seguros.

- Colocamos la rampa en el primer nivel para que los bebés puedan subir, bajar, gatear, rodar, caer, trepar, deslizarse de frente, hacia atrás, sobre el vientre, la espalda, solos o en pareja.
- Utilizamos los cojines para descansar, abrazar, apilar, contar, arrastrarse, entre otros.
- Las pelotas son para botar, cachar, aventar, traer, llevar, rodar y dar masaje.

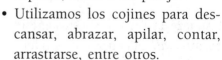

- Las latas sin filo, cajas y botes con tapa son para sonar, descubrir, guardar, abrir, cerrar, sacar, producir sonidos, etcétera.
- Colocamos el espejo (con cortina) para esconderse, buscar, abrir, cerrar, reconocer a otros, identificarse.

Y todas las ideas que yo y mi mami podamos descubrir y podamos inventar.

Hoy con mi bebé. Sesión de evolución (Intermedia)

Empieza el invierno, estos meses vamos a trabajar sin los zapatos, en calcetines, de preferencia de los que tienen algún diseño hecho a base de hule antiderrapante en la parte que queda en la planta del pie, si no los conseguimos, es mejor usar zapatitos o tenis.

- Colocamos la rampa en el segundo nivel a la cual hemos puesto un estímulo nuevo a base de un color o una textura y la usamos para subir, bajar, caminar hacia atrás, gatear, rodar, deslizar y caer sobre telas o cojines.
- Utilizamos tela para envolver, trepar, aparecer y desaparecer, descansar, pasear sobre ella, acunar, hacer aire y otras.
- Clasificamos pelotas y tinas por color; las usamos para meter y sacar, llevar, aventar, cachar, botar, tirar y encestar.
- Los muñecos y peluches de pelo corto son para abrazar, cuidar, dar órdenes, vestir o desvestir, nombrar las partes del cuerpo del bebé, de la mamá y del muñeco.
- Los cojines los usamos para apilar, ordenar, aventar, cargar, traer, llevar, transportar, como partes del cuerpo, para construir casas o figuras y patinar, entre otros.
- La viga de equilibrio es para lograr el control corporal, contar los pasos, aprender a "caer" usando los reflejos correctamente, entre otras. (Es bueno proteger el área alrededor de la viga con cojines.)

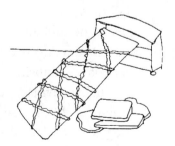

Hoy con mi bebé. Sesión de evolución (Avanzada)

- Colocamos la rampa forrada con cuerdas de plástico para tender ropa en el tercer nivel a 1.20 cm de alto, dejamos un espacio entre las cuerdas para trepar y experimentar nuevas formas de bajar (de espaldas, glúteos, rodillas) solos, en parejas, con objetos, con pelotas, telas o cojines y para jugar al equilibrio, entre otras.

- Usamos túneles hechos con cajas de cartón para entrar, gatear a través de ellos, salir, deslizarse, meter distintos objetos, sentir diferentes texturas en el piso, jugar con la luz y la "oscuridad".

- Tenemos conos de hilo o estambres vacíos que usamos para apilar, construir, destruir, contar, enfilar, clasificar por color y tamaño, meter, sacar, ordenar, formar y tirar, caminar entre, cantar y vociferar, jugar al teléfono, a los binoculares y telescopios y al boliche, entre otros.

- Usamos las pelotas para patear, cachar, lanzar, darnos masaje, dar masaje a otros, llevar en la cabeza, en la pancita, entre las piernas. La pelota es un material básico, fundamental y la variedad de su uso es múltiple, los grados de dificultad varían según el tamaño, textura, peso, material y también de acuerdo con la creatividad del adulto, quien, al usarla, se aleja de juegos estereotipados y hace

nuevas propuestas para inducir al bebé a hacer lo mismo.

- Las mesas con sillitas son para moldear masilla, la cual sirve para compartir, platicar, manipular, sentir, oler, probar y, en especial, para perfeccionar la coordinación motriz fina.

Hoy con mi bebé. Sesión de introducción a la plástica (Primer nivel)

Empieza la primavera

En la sesión anterior se pide un cambio de ropa, una toalla, talco, una cámara fotográfica o de video. Además será necesario incluir los siguientes artículos:

- Alberca inflable seca, recipientes con pintura digital de los tres colores básicos (rojo, azul oscuro, amarillo brillante) para pintar con las manos, pies o hacer pintura corporal: me pinto a mí mismo, pinto a los otros.
- Alberca inflable con agua tibia para hacer burbujas de baño, usar esponjas en forma de pez, estrellas, tor-

tugas, las que podemos apretar, soltar y apachurrar. Éste es el lugar ideal para chapotear y salpicar.

- Tendedero y pinzas para poner a secar los dibujos.
- Mesa y sillitas, hojas blancas para pintar con los dedos y con esponjas recortadas en formas geométricas.

> *Nota:* Vea en la sección de recetas la fórmula para la pintura digital.

Hoy con mi bebé. Sesión de introducción a la plástica (Segundo nivel)

Hoy cambia la disposición de la sala, ya que para la sesión utilizaremos una mesa o tablón, sillitas o bancos.

Para la elaboración de figuras necesitamos:

- Lápices comestibles (cigarros de chocolate).
- Pegamento (miel de abeja o de maíz).
- Hojas (obleas blancas y de color, de diferentes tamaños).
- Gragea de colores, bombones, granillo de chocolate, gomitas, semillas de girasol, pasas y amaranto.

Para la elaboración de collares necesitamos:

- en forma de rosquillas (integral o de colores).

> *Nota:* Es importante utilizar materiales comestibles, pues en la etapa oral los bebés →

→ y niños pequeños exploran por medio de esta vía. Sin embargo, cuando los bebés pasan al taller, es decir, al cumplir tres años, preferimos no usar alimentos que no vamos a consumir, puesto que hacerlo contradice el mensaje ético y ecológico con el cual educamos a niños y niñas en los valores universales.

11

Grupos de juego

Para muchos papás y mamás jóvenes participar en el desarrollo de sus bebés y niños es algo placentero; lo hacen con verdadero interés y genuina intención.

Encontramos muy interesante este modelo, traído de forma espontánea de Estados Unidos donde es común que las personas organicen grupos de apoyo para muchas actividades; los hay para comedores compulsivos, para enfermos, para fumadores, para voluntarios, en fin; entre esta gran variedad, surgieron hace unos años los *play groups* o grupos de juego.

Estos grupos se han manejado básicamente de dos formas; la primera es un grupo de ocho a 10 mamás que se juntan cada vez en casas distintas con sus bebés, de aproximadamente la misma edad, para que interactúen mientras ellas comentan y se apoyan en la tarea de la crianza. Generalmente la mamá que ofrece su casa también se encarga de organizar algunas actividades para los bebés. Otra modalidad es que las mamás del grupo no sólo roten sus casas sino también el rol; así, una o dos mamás se encargan cada vez de cuidar a todos los bebés mientras las otras tienen tiempo para tareas personales o domésticas, incluso para tomarse un merecido descanso.

En México la forma más común es la primera, aunque hemos visto grupos de juego en que las mamás se juntan con el propósito de la crianza y el juego, y van encontrando actividades paralelas, como organizar ventas de garage, bazares navideños, elaboración y venta de juguetes tradicionales y títeres, entre otras; lo que requiere tiempo aparte, pero enriquece mucho la vida colectiva de las mamás.

Creemos que este libro puede ser de gran apoyo al esfuerzo y el tiempo que las mamás dedican al grupo de juego, porque con una pequeña guía como ésta podrían potenciar esta actividad promoviendo el encuentro de los bebés desde esta perspectiva de desarrollo creativo de habilidades de pensamiento humanista; si no, se limitan a proponer para los bebés solamente los juguetes electrónicos o prefabricados y programados, así como otras oportunidades de comunicación y de desarrollo emocional afectivo.

Otra recomendación importante es la de resistir la tentación de sobreestimular al bebé; cada uno es único en sí mismo y lo natural es que algunos aprendan y descubran algunas cosas antes que otros.

El grupo de juego podría fácilmente despertar angustia en las mamás porque sus bebés no hacen todo al mismo tiempo que los demás; si el vecinito ya gatea y el propio no, podría pasarme la tarde entera estimulando a mi bebé a gatear para que se ponga al mismo nivel.

Esto se llama sobreestimular... acelerar el desarrollo, es decir, saltarse momentos o etapas para ir más rápido. Esto deja procesos abiertos y huecos en el desarrollo que tienen y tendrán consecuencias a corto y mediano plazo. En este caso, la referencia es siempre el bebé: si lo estimulo de más probablemente llore o se ponga nervioso, o le cueste trabajo dormir o se despierte varias veces durante la noche, o desarrolle conductas de manipulación.

La mamá es quien conoce más al bebé y conoce también su *ritmo natural* de desarrollo. Es muy importante *respetar* este ritmo; si la diferencia en el ritmo de aprendizaje y desarrollo aparece en todo y es constante, ya sea por una aparente apatía del bebé o, al contrario, por un exceso de actividad y nerviosismo, conviene consultar a un especialista y trabajar bajo la asesoría de un profesional.

Hay que recordar en todo momento que se trata de conseguir un espacio de juego espontáneo, libre y creativo que promueva la comunicación de los bebés entre sí, con los adultos y con el entorno, un espacio placentero donde el bebé pueda desarrollar habilidades múltiples, pero en especial las de diferenciarse de la madre para aprender a socializar y a estar con el otro.

Es como el famoso juego de Juan Pirulero, donde estamos juntos, pero cada quien atiende su juego, y todos vamos copiando y contribuyendo para ampliar nuestro repertorio.

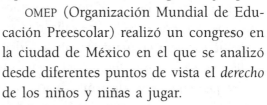

Ludotecas

Hasta ahora hemos presentado esta propuesta como si estuviera dirigida a un centro especializado; sin embargo, sabemos que lo presentado aquí, independientemente de la forma en que se haya redactado, es también una fuente de inspiración o punto de partida para enriquecer otras propuestas, y para ser llevado a diferentes espacios. Comentaremos algunos ejemplos.

OMEP (Organización Mundial de Educación Preescolar) realizó un congreso en la ciudad de México en el que se analizó desde diferentes puntos de vista el *derecho* de los niños y niñas a jugar.

Desde las últimas décadas del pasado siglo hemos podido ver cómo la sobrepoblación, así como la pobreza y el avance y saturación de tecnología, han provocado, por diferentes causas, una considerable reducción de los espacios de juego para todos los niños y niñas del mundo.

En los países pobres y en vías de desarrollo, debido a la explotación infantil los niños y niñas se ven obligados desde muy temprana edad a trabajar y a contribuir a la economía de la familia; el tiempo para jugar de forma espontánea o los espacios designados para ello son escasos y están en malas condiciones, o no existen. Jugar es perder el tiempo.

Cuando los pequeños pueden asistir al maternal o al preescolar, en la mayoría de los casos, son tratados de forma mecánica y obligados a estar sentados gran parte de la jornada haciendo planas y tareas que tienen que ver con habilidades cognitivas, generalmente escuchando, obedeciendo y repitiendo en grupos grandes y espacios pequeños.

En los países desarrollados, los pequeños asisten a las guarderías y, aunque por lo general las instalaciones, la higiene y la capacitación de los adultos que los atienden son mejores, la escala de valores manejada en los programas ha puesto un fuerte acento en el desarrollo de habilidades cognitivas y de conocimiento, dejando poco tiempo para el juego libre.

Los papás jóvenes de clase media y alta han visto muy atractivo acercar a la tecnología a sus hijos desde pequeñitos. En Japón los bebés de dos y tres años toman clases de computación en centros especializados, a veces, incluso en lugar de asistir a la guardería; abusan del desarrollo tecnológico, ya sea porque los juguetes que están a disposición de los pequeños son electrónicos y programados o porque directamente están participando en programas de computación interactivos.

Son muy grandes los beneficios de la tecnología y para el mundo en que habitarán los bebés y los niños de hoy estos aprendizajes son necesarios.

Pero... como ya lo decíamos anteriormente, la persona no es sólo cognición o un conjunto de habilidades e inteligencias cognitivas, también somos inteligencia emocional, vida sensible y afectiva.

En realidad, la actividad principal de todos los mamíferos del planeta es *jugar* durante los primeros años de vida; si esto es tan natural, ¿por qué entonces los bebés humanos ya no juegan estos juegos *universales*, espontáneos, libres y creativos el tiempo que necesitan?

Ya hemos visto aquí algunas razones que analizaron los expertos en dicho congreso. Veamos ahora qué pasa o cuál es el precio que tanto a nivel personal como colectivo estamos pagando y van a pagar en el futuro nuestros bebés y niños, por el hecho de no hacer durante los primeros años de infancia lo que deberían.

Mediante los juegos universales desarrollamos habilidades y capacidades para la vida emocional afectiva, y para la vida en general; por ejemplo, desde bebés y a partir de los juegos y movimientos básicos de locomoción, nos desarrollamos y alistamos neurológicamente; por medio de estos juegos construimos nuestro proceso de diferenciación de la mamá y nos volvemos seres independientes, aprendemos a relacionarnos con el otro, con los seres vivos y los objetos.

Más tarde jugamos los juegos de roles, como a la mamá y al papá, a la casita, etcétera, a partir de los cuales vamos dando significado a nuestra forma de percibir a las personas y al entorno; esto nos va dando la sensibilidad y la destreza para construir relaciones íntimas de confianza duraderas, como eventualmente lo serán la pareja o la familia.

Cuando jugamos nos reflejamos como espejos unos a otros; es por este reflejo que nos conocemos, sabemos de nuestras habilidades y talentos, encontramos y fortalecemos nuestra comunicación y nuestra autoestima, nos vamos volviendo autónomos, como pequeños científicos capaces de buscar, explorar y descubrir, no sólo de estar receptivos.

Sólo quienes juegan jugos universales y espontáneos podrán comprender en profundidad a los otros, ser líderes y tomar decisiones éticas sensibles y respetar los ritmos naturales del *desarrollo humano*, porque desde pequeños lo han reconocido en ellos mismos, podrán negociar para decidir y compartir, porque lo practicaron.

En fin, habría que poner en la balanza lo que estamos ganando con el abuso de la estimulación temprana y con el abuso de la tecnología, y lo que estamos perdiendo con la restricción, casi anulación, de los comportamientos naturales universales del ser humano.

Para los dirigentes de OMEP eso está claro y su propuesta ha sido promover y apoyar la construcción de *ludotecas*, es decir, rescatar los espacios de juego libre, espontáneo y creativo en todo el mundo para los bebés, niños y niñas de todas las clases sociales.

Hemos visitado algunas de ellas en nuestro país, en distintas colonias y barrios de la ciudad de México, las comunidades indígenas de Chiapas, en Tuxtla Gutiérrez, en León, Guanajuato, en Cuernavaca, Morelos, en Mérida, Yucatán, entre otros lugares y también, por ejemplo, aeropuertos en Europa y Estados Unidos.

Hemos visto con gusto y placer cómo los adultos encargados de dirigir estas ludotecas elaboran juguetes tradicionales y artesanales y didácticos con sentido; cómo cantan, bailan, expresan, disfrutan y *juegan* recuperando

a su niño interior. Es por esto que creemos que las propuestas de este trabajo pueden ser de utilidad y servir a
muchos.

Algunas preguntas frecuentes

¿**P**or qué el bebé de mi vecina, que es de la misma edad que el mío, hace más cosas?

Ya hemos analizado esto un poco, pero intentaremos profundizar y responder más ampliamente a esta pregunta que preocupa a muchos papás y mamás.

Como ya vimos, el ritmo de desarrollo de cada bebé –y de hecho de cada persona– es tan único y personal como ella misma. Pondremos como ejemplo la aparición de los dientes; sabemos que la dentición puede iniciar entre los cinco y los nueve meses, pero esto es un promedio; algunos bebés inician este proceso antes, incluso hay bebés que nacen con uno o dos dientes, que en realidad no son sino calcificaciones en las encías que deben extraerse, porque no están suficientemente fijas y hay peligro de que el bebé las trague.

El proceso de dentición es muy largo; termina con la aparición de las muelas del juicio. Sabemos que estas muelas están en proceso de mutación o extinción y para algunas personas es necesario extraerlas, para otras no son molestas y hay quienes nacen sin ellas.

Nada de esto se puede cambiar... dentro del rango de lo normal, aceptamos con facilidad estas diferencias, aunque quizá fuese más conveniente que al bebé le salieran los dientes antes de las vacaciones para irnos tranquilos de viaje, o que le salieran pronto para que ya pudiera masticar y no tuviésemos que hacer papillas o comidas especiales.

Esto mismo pasa con la mayoría de los procesos de crecimiento y aprendizaje, y es muy importante aceptar estas diferencias sin sobreestimular, porque irritamos el sistema nervioso. También es muy importante no frenar, porque disminuimos la autoestima y el potencial personal. Lo conveniente es observar de cerca el progreso personal, estimular y motivar sin abusos. Se trata de reconocer y aceptar la distancia entre lo que queremos y lo que podemos.

Es igualmente importante enseñar al bebé a descansar, a cultivar la calma y la paciencia, a estar tranquilo y no siempre en actividad física desgastante.

¿Cuál es la diferencia entre lo que mi bebé necesita y lo que quiere?

Cuando hablamos de observar con atención para responder a las necesidades del bebé nos referimos exactamente a eso: el bebé puede necesitar proteínas, es decir, carne, pero él quiere una paleta que en realidad no necesita, sino glucosa, pero no azúcar refinada con colorantes.

Durante la crianza habrá momentos en que debamos dar al bebé lo que necesita, aunque no le guste (por ejemplo, una medicina o una vacuna) y también habrá momentos en que demos al bebé lo que quiere, sólo por el placer de compartir.

¿Qué son los límites segurizantes?, ¿cómo se aplican?

Un límite segurizante es la aplicación correcta que hacemos los adultos de la ley, es decir, las reglas del juego. Hacemos esto porque por nuestra experiencia podemos predecir y controlar algunas cosas, entre ellas el peligro, porque los límites marcan el camino por seguir, porque favorecen la socialización y la convivencia, porque dan seguridad y porque enseñan.

Pero hay muchas variables en la *ley* y los *límites*: una ley es algo definitivo, no negociable, aunque no tenga explicación posible para un bebé que apenas empieza a balbucear o para un niño o niña de dos a tres años de edad.

Una ley puede ser, como decíamos antes, "toma el antibiótico", "déjate poner la vacuna", "no metas objetos de metal a los contactos de corriente", "no juegues con cuchillos filosos", en fin, todo lo que tiene que ver con la seguridad física y psicológica del bebé.

Este tipo de ley para bebés y niños chicos no se da con justificaciones nacidas de la culpa del adulto, o con miedo al berrinche o a la pérdida de afecto, o con largos discursos incomprensibles que rebasan su capacidad de concentración. Esta ley se da de forma sencilla y contundente, con la seguridad suficiente para que sea aceptada o cumplida, aunque haya llanto de por medio.

El llanto es un lenguaje y debemos entenderlo así; si me inyectan o me quitan un objeto brillante y atractivo, como el cuchillo, hay frustración o dolor, y el llanto es una forma de expresarlo.

Mi abuelita solía decir; "Hay momentos en que conviene que llores tú por un piquete y no yo porque te enfermes de algo grave, y punto final".

La ley, aunque a veces no guste a los niños, en el fondo da la seguridad de que el adulto sabe más y los cuida o los contiene.

De hecho, es más fácil aplicar la ley que poner límites, porque una ley no se mueve y un límite sí; un límite va cambiando de acuerdo con la situación, es flexible, negociable. Por ejemplo, es conveniente que el bebé se bañe todos los días a las 7 pm, pero si hay visitas y está jugando con otros bebés, el baño puede esperar. Es conveniente que el bebé tome una siesta a media mañana, pero si estamos en medio de un paseo interesante, la siesta puede esperar. Es conveniente que el bebé tenga una dieta balanceada, pero si está en una fiesta, ese día la alimentación puede variar.

En realidad, los límites se apoyan en el sistema de actitudes del adulto y éste, a su vez, en la escala de valores y sentido de la ética del adulto.

No podemos exigir al bebé lo que no exigimos a nosotros mismos y tampoco podemos darle lo que no damos a nosotros mismos. Por ejemplo, si yo me respeto y reconozco en mí una seguridad personal y una autoestima fuerte, lo más probable es que de forma natural respete a mi bebé y reconozca en él aquellas conductas que favorecen su seguridad personal y su autoestima. Si soy un adulto curioso y explorador, lo más probable es que de forma natural estimule a mi bebé a explorar y curiosear; reconoceremos estas conductas en él porque las reconocemos en nosotros y las disfrutamos.

El trabajo en el establecimiento de leyes y límites se hace en pareja; los padres tienen que estar de acuerdo con las cosas que van a prohibir, las que van a permitir y las que van a promover. Esto es de suma importancia para la seguridad psicológica del bebé; la constancia y la congruencia son la clave del éxito en la relación de la comunicación efectiva.

Algo más acerca de cómo se construye la seguridad personal: en el momento de la concepción, el microscópico óvulo fecundado se encuentra flotando en el universo que es el útero materno; el primer registro de seguridad que tenemos, aunque no lo recordemos de forma consciente, es cuando el óvulo fecundado flota por ese universo, pero no se pierde; se siente contenido porque choca contra las paredes del útero que lo contiene; es decir, el útero es el *continente de seguridad* de este microscópico óvulo.

Así, poco a poco se va desarrollando el proceso de gestación; la placenta se adhiere al útero y el feto flota seguro dentro de este continente, del cual reconoce el espacio porque lo toca y es tocado por él.

Eventualmente, el espacio seguro de este primer continente se ha vuelto muy estrecho e incómodo y, para que la vida y el desarrollo sigan, no hay más remedio que salir de ahí en busca de un nuevo continente más amplio.

Este segundo continente ya no es tan concreto como el anterior; es *simbólico*, es decir, se reconoce de distintas maneras, no solamente las fronteras concretas de las cobijas y pañales que cubren al bebé, sino también a partir de los cuidados del adulto.

Cada vez que el bebé es tocado o acariciado, reconoce su cuerpo, sabe dónde empieza y dónde termina, distingue entre el frío y el calor; identifica así las fronteras kinestésicas de su cuerpo, pero a través de la voz del adulto identifica también las fronteras auditivas y los cambios de luz lo hacen identificar las fronteras visuales de este nuevo continente que pareciera ser un nuevo universo.

Poco a poco se va dando el proceso de diferenciación y, para que el desarrollo y la vida sigan, llegará el momento en que este continente sea demasiado estrecho y haga falta romper las fronteras para ir en busca de nuevas conquistas y de un nuevo continente de seguridad; esto sucede alrededor de los dos años, cuando descubrimos a los demás.

¿Por qué manipulan los bebés?

Las conductas de manipulación son un mecanismo de adaptación al medio; son a veces el recurso que el bebé encuentra para sentirse seguro. Están íntimamente ligadas a la aplicación de leyes y límites segurizantes.

Generalmente las conductas de manipulación tienen que ver con la necesidad del bebé de tener al adulto cerca; es decir, son una llamada o demanda de atención que, en la mayoría de los casos, tienen que ver con la incongruencia o la inconsistencia de los adultos para imponer con claridad leyes y límites. Por ejemplo, en el caso de falta de congruencia, papá exige unas cosas y mamá otras, lo que provoca en el bebé inseguridad; él va a tener que probar hasta dónde llega el límite de papá y el de mamá para sentirlo más claro.

En el caso de la inconsistencia, el bebé quiere dormirse arrullado en los brazos de mamá porque así lo ha hecho ella algunas veces, y un día o dos mamá tiene la paciencia y el tiempo para arrullarlo placenteramente, pero al tercer día mamá está cansada o tiene visitas en casa y no está dispuesta a arrullarlo en brazos hasta que duerma; entonces el bebé no sabe cuándo será placenteramente arrullado. Esto le causa inseguridad y angustia, así que tratará de calmar estas sensaciones desagradables llamando a mamá a que esté con él y lo arrulle, pero como está inseguro, en cuanto lo ponga mamá en la cuna llorará y exigirá de nuevo la permanencia.

No queremos decir con esto que arrullar es malo: lo malo es la incongruencia de "a veces sí o a veces no".

El problema con las conductas de manipulación es que son destructivas para la relación de comunicación; se convierten en berrinches interminables, en luchas de poder entre el adulto y el bebé. Esto afecta a la seguridad de ambos, limita la posibilidad de un desarrollo hacia la independencia y la autosuficiencia.

En este caso es el adulto quien debe recuperar su propia seguridad y debe aplicar la ley o el límite sin temor. Por otro lado, el bebé debe encontrar formas de pedir la atención del adulto que no sean autodestructivas y, conforme vayan apareciendo en los tanteos experimentales del bebé, el adulto atento debe responder a ellas y reforzarlas. Por ejemplo, no esperar a acercarse al bebé cuando llama la atención llorando, sino acercarse a él cuanto está jugando tranquilo y de forma autónoma, y aprobar y compartir esta conducta.

¿Dedo o chupón?

Somos mamíferos, tenemos una necesidad de mamar y chupar durante los primeros años de vida, y muchas veces desarrollamos conductas orales compensatorias para toda la vida, como fumar, mascar chicle, chupar paletitas o dulces, etcétera.

Entonces, esta necesidad debe ser satisfecha, sin lugar a dudas.

Hay teorías interesantes y bien fundamentadas, aunque a veces entre ellas se contradicen, lo cual confunde a los padres.

Dejar al bebé chuparse el dedo –dicen algunos psicólogos– no importa tanto porque de forma natural, el bebé encontrará algunas otras formas interesantes de usar sus manos y la necesidad de mamar habrá disminuido.

Claro que esto sucederá de forma natural si los adultos permitimos que así sea y no caemos en las conductas de incongruencia que comentábamos antes. Por ejemplo, no importa que te chupes el dedo en nuestra casa, pero no lo hagas en casa de tu abuelita o de tus primos. Permitir al bebé chuparse el dedo de este modo, en el fondo es muestra de inseguridad.

Por otro lado, algunos pediatras y dentistas aconsejan dar chupón porque son ortodóncicos y no dañan el proceso de dentición. El problema del chupón no es darlo sino quitarlo.

¿Quién o qué determina cuándo el bebé está satisfecho y listo para dejar su chupón?

Muchas veces este momento destruye la seguridad construida durante el tiempo que el chupón fue permitido y se disfrutó. Por ejemplo, el chupón funciona como calmante o pacificador, pero un buen día decidimos que ya es tiempo de no usarlo porque se puede convertir en una fijación... o porque para entrar al preescolar no los dejan llevar chupón... o porque a los adultos nos da pena que los vean con chupón. Entonces el chupón desaparece drásticamente, o suavizamos esta desaparición haciendo al bebé cómplice de ella: "tira tu chupón, fuchi, ya eres grande", etcétera. Es obvio que esto genera angustia; entonces, ¿para qué se lo dimos, en un principio? ¡Olvidamos el objetivo!

Si realmente damos el chupón convencidos de que queremos calma interior para el bebé y no silencio para nosotros, lo que sigue es tener paciencia hasta que el último chupón se agote... y el proceso de desapego de éste suceda de forma natural.

Cada bebé es distinto; de hecho, algunos no necesitan dedo ni chupón porque se quedan satisfechos con el pecho o con la mamila, por el contacto que se establece entre el bebé y la mamá o el papá a la hora de comer. Cuando el pecho o la mamila no se dan de forma mecánica o automática, cuando estos momentos de alimentar se convierten también en momentos de contacto, hay bastantes probabilidades de que el bebé rechace el chupón y quizá juegue con sus dedos, pero no se convertirá en un chupadedo de tiempo indefinido.

¿Cómo esñeño a mi bebé a dejar el pañal y usar el baño?

Aprender a ir al baño es como cualquier otro aprendizaje significativo; es decir, debe nacer de la necesidad de quien aprende y no de quien enseña. En una relación creativa y de comunicación, corresponde al adulto observar y conocer al bebé para descifrar sus distintas necesidades durante el proceso de desarrollo y crecimiento.

Dejar el pañal es muy fácil si "saltamos" estas etapas de observación y esperamos a descubrir el momento de la necesidad y la madurez del bebé para ir al baño.

Es obvio –y a la vez comprensible– que tengamos cierta prisa en inculcar este aprendizaje, pues nos es más fácil y cómodo que el bebé ya no use pañal; además, existe mucha presión social en relación con esto: hay preescolares, cuartos de bebés, clases particulares, cursos de verano, ludotecas, entre otros, que serían de mucho beneficio para nuestros bebés, pero no pueden asistir si no han dejado el pañal.

En fin, la lista de desventajas para una mamá y un bebé que usa pañal puede ser muy larga.

Por lo general, un bebé sano está listo –es decir, con los esfínteres maduros y madurez de la vejiga– entre los 18 y los 22 meses de edad; esto significa que a partir de los 18 meses nuestra observación del bebé en este sentido debe agudizarse, así como nuestra paciencia.

Durante este período observamos con atención en cada cambio de pañal cómo está orinando el bebé; por ejemplo, muchas veces durante el día en pequeñas cantidades, o permanece seco varias horas y hace pocas veces cantidades considerables de orina. Lo mismo ocurrirá con la defecación y en qué horario aproximado.

Es muy importante darnos cuenta si nuestro bebé sabe cuándo está orinando o defecando; por lo general, es más fácil observar cuando un bebé defeca y también para él es más fácil darse cuenta. Si el bebé ya está notando cuando ejerce estas funciones, es tiempo de que esta observación se vuelva compartida, es decir, es tiempo de abrir nuestra comunicación creativa también en este sentido.

Al observar al bebé, *le hago saber que me doy cuenta* de este nuevo descubrimiento, con el mismo entusiasmo e interés con el que respondo habitualmente a sus nuevos aprendizajes y descubrimientos, no más y no menos.

Podemos profundizar en la comunicación si dejamos que el bebé se dé cuenta y observe cómo los papás, los hermanos, otros bebés también orinan y defecan. Nuestro bebé ha aprendido muchas cosas, casi todas, por imitación; también dejar el pañal lo aprenderá por imitación, con un poco de motivación, en el momento y el lugar adecuados y con el ejemplo de las personas con quien comparte su vida.

Es importante que el bebé tenga una bacinica o una adaptación en el retrete del cuarto de baño familiar, o en el cuarto de baño del maternal donde todos los otros bebés van.

En esta etapa debe quitarse el pañal y usar el calzoncito entrenador para facilitar al bebé *darse cuenta*; también es importante ayudarlo a sentir los beneficios de usar la bacinica o el retrete, como no estar rozado, no tener frío, no oler mal, poder sentarse y caminar cómodo, ser bienvenido en los brazos de familiares y amigos porque está limpio. Nosotros sabemos de muchos otros beneficios, pero en esta edad los discursos didácticos no sirven; lo importante es la comunicación clara, breve, precisa y directa.

Los adultos cercanos al bebé y no sólo la madre deben adoptar el sistema de actitudes más parecido posible y, sobre todo, tener paciencia en este proceso.

Cada día aprendemos algo nuevo; usar el baño es, para el bebé, un conjunto de aprendizajes pequeños que se dan de lo fácil a lo difícil, como cualquier otro proceso. Podríamos describir esos pasos más o menos así:

- Darse cuenta en uno mismo.
- Observar a los otros.
- Ofrecerle un calzoncito entrenador.
- Aprender a desabrocharse la ropa y subir y bajar el calzoncito entrenador de día.
- Ofrecerle una bacinica o un adaptador.
- Recordarle cuando observamos que tiene necesidad de orinar o defecar.
- Ayudarle a quitarse la ropa, bajar el calzoncito y sentarse a tiempo.
- Mirar la bacinica o el adaptador cuando está vacío o limpio, y cuando ya está lleno.
- Desapegarse y tirar al retrete el producto del propio cuerpo.
- Jalar la cadena y dejar ir.
- Subir el calzoncito y acomodarse la ropa.
- Lavarse las manos.

- Observar cuando el bebé amanece seco. Ayudar al bebé a *darse cuenta.*
- Cambiar el pañal de la noche por el calzoncito entrenador.
- Poner una lucecita que muestre el camino a la bacinica o el baño. Dejar prendida la luz del baño.
- Acompañar algunas veces durante la noche.
- Promover la autonomía y la independencia para ir solo durante la noche.

En el caso de los varoncitos, se requiere tiempo extra y colaboración del papá para que aprenda a orinar de pie.

Como vemos, es un proceso en etapas lleno de pasos, como una escalera que se va conquistando en el tiempo, así que lo mejor es acompañar y enseñar un paso a la vez hasta que cada aprendizaje es internalizado; esto puede tomar algunos meses y, como siempre, debemos hacer saber al bebé que nos damos cuenta de su esfuerzo y sus logros; aquí centramos nuestra atención, así hacemos saber al bebé que *es capaz.*

¿Qué hacer con los celos entre hermanos?

Los adultos sabemos por intuición y por experiencia que la soledad a veces es nutritiva, pero cuando estamos siempre solos aparece la tristeza; sabemos entonces que, si se puede, lo mejor es no ser hijo único. La familia y los hermanos son una fuente de experiencia y crecimiento importantísima en los años formativos y, si tenemos suerte, serán un apoyo incondicional y una compañía para toda la vida.

Sin embargo, cuando tenemos un segundo bebé nos sentimos temerosos de los celos del primero, culpables del "sufrimiento" que estamos causando y por los cambios en la relación y en la personalidad de nuestro primer hijo. Muchas veces creemos que no seremos capaces de querer al segundo hijo tanto como al primero y entonces nos sentimos culpables por el segundo hijo "no querido".

Es normal que sintamos todo esto, así como es normal que el primer bebé se sienta inseguro e invadido cuando llega un hermanito.

Esta situación es *transitoria* si es comprendida y manejada de forma correcta; muy pronto descubriremos la capacidad de nuestro corazón de abrirse y multiplicarse para querer de forma equivalente y por motivos distintos a cada uno de nuestros hijos; muy pronto conoceremos al que acaba de llegar y sabremos de sus necesidades, de lo que tiene en común con el primer hijo y de lo único, diferente, especial que trae consigo para poder integrarlo a la vida, costumbres, la rutina y los valores de todos los miembros de la familia, y para que la familia se enriquezca con su presencia.

Somos los adultos quienes por tener visión de futuro y experiencia debemos manejar nuestra situación emocional para no solamente evitar la culpa, sino para agradecernos constantemente por la oportunidad que nos damos –y que damos a nuestros hijos– de crecer cerca de hermanos, en grupo y pandilla.

En cuanto a cómo aliviar los sentimientos negativos del primer hijo, lo primero es comprender el origen de éstos. El primer hijo se sentirá temeroso de perder el amor de los padres, de perder el continente de seguridad psicológica y física que ellos representan y que ha sido construida con base en el sistema de actitudes de los padres y en la rutina familiar.

Entonces la respuesta está a la vista: se trata de conservar el mismo sistema de actitudes, es decir, los momentos de juego, de intercambios amorosos, de atenciones a veces a solas con el hijo mayor y a veces compartidas con el nuevo bebé, a veces a solas con uno de los padres y a veces en familia.

Podemos involucrar al hijo mayor en las tareas y cuidados del nuevo bebé; podemos recordar juntos cómo era él cuando recién llegó a la familia, ver fotos, contar anécdotas; recordar juntos los "privilegios" que tiene el mayor por serlo, por ejemplo, ir al jardín de niños, pasear con los abuelos, dormir con un primo o amigo, comer cosas sabrosas que el bebé no come todavía, entre otras actividades.

Es importante permitir la expresión de estos sentimientos encontrados que se despiertan en el hijo mayor, tanto el amor y la ternura que despierta el nuevo bebé como el miedo, la inseguridad y hasta el coraje que da sentirse invadido. Estos sentimientos pueden ser expresados en actitudes, no necesariamente con palabras, por ejemplo, berrinches, insomnio, falta de apetito, o bien alegría descontrolada, deseos de abrazar, cargar o besar al bebé todo el tiempo, intentos de regresar a la mamila o al pañal, entre muchas otras.

Los adultos identificamos el origen de estas conductas y, al detectar la necesidad, respondemos a ella a veces de forma directa, utilizando palabras que el niño pequeño no puede articular, como "te quiero mucho", "ven, quiero cuidarte", "vamos a jugar tú y yo", "te voy a contar un cuento de un perrito o un gatito que tuvo un hermanito", "ayúdame a bañar al bebé", "enséñale al bebé tu juguete", entre otras expresiones.

Cuando el hijo o la hija mayor aún son pequeños, expresar en palabras estos sentimientos encontrados es muy difícil; de ahí surgen estas acciones y reacciones a veces autodestructivas.

Es importante ofrecer vías alternas de comunicación a través de lenguajes simbólicos como la plástica, el movimiento y la representación; por ejemplo, usar un muñeco equipado con ropita, bañadera o mamilas para que el hermano mayor "atienda" a su bebé y de vez en cuando descargue en ese muñeco los sentimientos que el nuevo hermanito le despierta.

La segunda acción que debe cuidarse es la rutina y la ley segurizante que ha quedado establecida en la familia desde antes de la llegada del segundo bebé, e integrar a esta rutina poco a poco los cambios necesarios.

En el caso de hijos únicos, es conveniente llevarlos desde pequeños a jugar y compartir con otros niños y bebés, ya sea en la escuela, las clases particulares, los grupos de juego o la familia, porque en este juego simbólico y en el intercambio construimos las habilidades para socializar que nos acompañarán durante toda la vida.

Rimas

Esta sección está dedicada al bebé, mamá y papá, para jugar y cantar las rondas a fin de lograr objetivos educativos y psicomotrices.

En una secuencia didáctica, el grado de dificultad y la progresión incrementan la producción de ideas originales, nuevas que promueven el desarrollo de la creatividad personal y grupal, así como la convivencia familiar.

Las canciones de cuna o rondas que sean conocidas o del dominio popular pueden adaptarse para encontrar en las mismas las palabras y acciones relacionadas con movimientos de coordinación corporal: ojo-mano, ojo-pie, por ejemplo.

La función de esta clase de composiciones es importante en la edad temprana del niño.

Arrullos

Los arrullos del hogar son las primeras palabras que la literatura vierte en el oído del niño. Los siempre tradicionales o los improvisados por las mamás contienen una idea sencilla, cálida y amable por la delicada cadencia de su melodía, el encanto de sus rimas, su fácil detención del arrullo y el gusto con que son aprendidas por los hermanos mayores y por el bebé mismo. Tienen una profundidad y un mensaje más allá de lo simple de su estructura; representan ideas concretas, accesibles al lenguaje del bebé, ayudan a desarrollar tanto la fantasía como la imaginación y no contienen imágenes temibles, como "el viejo o el coco". Entre otros, uno de los más hermosos arrullos para todos es precisamente el antiguo, cuya letra está bordada de imágenes sencillas y bellas que el niño capta fácilmente.

Cantos rimas, rondas y juegos

Pedro conejito

Pedro conejito tenía una mosca en
la nariz
Pedro conejito tenia una mosca en
la nariz.
Le sopló, le sopló y la mosca voló.

Arriba, Juan

Arriba, Juan, arriba, Juan
ya cantó el gallito.
Ay no, mamá, ay no, mamá
es muy tempranito.
Arriba, Juan, arriba, Juan
hay que ir a la escuela.
Ay no, mamá, ay no, mamá
me duele la muela.
Arriba, Juan, arriba, Juan
te compré un helado.
Ay sí, mamá, ay sí, mamá
ya estoy levantado.

¿Qué dijo la rana?

—¿Qué dijo la rana?
—Que iba a cantar.
—Y el sapo, ¿qué hizo?
—Se puso a llorar.

Los patos

Andaban, andaban
los patos en el agua.
Andaban, andaban
y no se mojaban.

Un nidito

En la ramas de un manzano
un nidito vi
de pequeños pajaritos
que piaban así:
pi, pi, pi, pi.

El frío

En temporada de frío
me pongo mi abrigo
de lana y en el invierno
tempranito siempre
me voy a la cama.

Cinco pollitos

Cinco pollitos tiene mi tía
uno le canta, otro le pía
y tres le tocan la chirimía.

La familia

Éste es mi padre querido
ésta es mi buena mamá

éstos son mis hermanos
que mucho amor nos dan.

Itsi bitsi araña

Itsi bitsi araña,
subió la telaraña
vino la lluvia
y se la llevó.

Salió el Sol,
se secó la lluvia,
E itsi bitsi araña
otra vez subió.

Dientecitos

La diosa belleza
vino junto a mí,
me trajo un regalo
y me dijo así:

Quiero que tus dientes
sean como perlitas,
si los lavas diario
con pasta y agüita.

Te doy un cepillo
Para que los pulas,
Le saques el brillo
Y me los presumas.

Para esconder una cosa

Tris, tras
por delante

y por detrás
No lo ves
ni lo verás.

Para enseñar a un niño

Esta barba, barbará;
esta boca, comerá;
esta nariz, narigueta;
este ojito pajarito
este otro su compañerito;
y, ¡pum!, tope borreguito.

Retahílas

El botón, ton, ton se safó del pantalón talón, talón.

A que nadie sabe dónde vive,
nadie en su casa lo vio,
pero todos escucharon el glo, glo, glo.

Luna, Luna dame una tuna, tuna, tuna
la que me diste, se me cayó en la laguna una, una.

Para enseñar a caminar

Ando borracho, me ando cayendo,
no tengo nada, me vengo haciendo.

Para curar

Sana, sana,
colita de rana,
si no sana hoy,
sanará mañana.

Para ocupar una silla

El que se fue a la Villa
perdió su silla.
El que se fue a Aragón
perdió su sillón.

El sapito

Había un sapito
cantando, per, per, per
debajo de una piedra
per, per, per, per, per.
Caía un aguacero
y estaba muy feliz
Porque no se mojaba
per, per, per, per, per.

El mono Pepito y el oso Pipón

El mono Pepito
y el oso Pipón
visitan la casa
del gnomo Pom-pom.
Alegre recibe,
El gnomo Pom-pom
al mono Pepito
y al oso Pipón.
Hablaron del bosque,
del prado,
de amor.

Del verde sendero
cuajado de Sol.

Comieron habas, frutillas,
jamón, ciruelas, duraznos
y un rico melón.
Dichoso despide
el gnomo Pom-pom
al mono Pepito
y al oso Pipón.
Juan B. Grosso (Argentina)

Mi burro

A mi burro, a mi burro
le duele la cabeza.
El médico le ha dado
una gorrita negra.

A mi burro, a mi burro
le duele la nariz.
El médico le ha dado
gotitas de anís.

Una gorrita negra, gotitas de anís.

A mi burro, a mi burro
le duele la garganta.
El médico le ha dado
una bufanda blanca.

Una gorrita negra, gotitas de anís, una bufanda
blanca.

A mi burro, a mi burro
le duelen las orejas.

El médico le ha dicho
que las ponga muy tiesas.

Una gorrita negra, gotitas de anís, una bufanda
blanca,
las ponga muy tiesas.

Y mi burro, mi burro
muy contento está.

Recetario

Masa

INGREDIENTES:

1 taza de harina
1 cucharada de aceite de cocinar
1 taza de agua
1/2 taza de sal
2 cucharadas de cremor tártaro
color vegetal, líquido o en polvo (para repostería)

PREPARACIÓN:

En un recipiente, mezcle todos los ingredientes, cueza a fuego medio, revolviendo constantemente hasta que la masa se incorpore y tenga una consistencia uniforme. Al final, agregue el color.

Al retirarla del fuego, amase hasta que suavice. Consérvela en una bolsa o recipiente de plástico.

> Nota: Si usa color vegetal líquido, póngalo en el agua antes de agregar el harina; si lo usa en polvo, mézclelo con el harina en seco y después agregue el agua. La masa puede guardarse tapada en el refrigerador o, una vez trabajada, la figura puede secarse al sol y barnizarse con pegamento plástico líquido para conservarla como recuerdo.

Pintura digital

INGREDIENTES:

Maizena o harina de arroz
colores vegetales primarios (rojo, azul, amarillo)
saborizante natural dulce, salado, agrio, refrescante, aromático y amargo que logramos con: azúcar, sal, limón, vainilla, canela, ralladura de naranja, pimienta, menta, hierbabuena, entre otros.

PREPARACIÓN:

Haga un atole espeso y bien cocido y agréguele color y sabor. Sirva en platitos de plástico transparente con cucharitas desechables, de preferencia tres o cuatro por color. Los bebés podrán pintar sobre pliegos grandes de papel bond pegados al piso con cinta adhesiva.

Acuarela

INGREDIENTES:

vasos desechables transparentes
agua
pintura vegetal para repostería o en polvo
brochas de dos centímetros

PREPARACIÓN:

Mezcle el agua con la cantidad de pintura deseada. Ofrezca la mezcla en vasos acomodados dentro de cajas de leche para darles estabilidad; las brochas se hierven antes de usarse y se pinta sobre pliegos grandes de cartulina blanca.

Plumones

Congele la pintura en moldes para paletas para usar como crayolas sobre pliegos de cartulina o cartoncillo. Otra manera es poner la pintura en envases de desodorante "bolroll" para también usarla como plumón.

Sellos

Moje esponjas en pintura de distintos colores, la cual se pone en platos desechables o de plástico para usarlos como cojinetes de tinta para sellos. Las esponjas pueden recortarse en objetos interesantes o bien como partes del cuerpo: deditos, manos, codos, pies, besitos, entre otras.

Mural

Cubra la pared con papel manila o bond a la altura del bebé y ofrezca la pintura de acuarela en cajas de leche para dar estabilidad a los vasos. Los pequeños pueden pintar estando de pie y también usar dos brochas a la vez.

Masa de galleta

INGREDIENTES:
    galletas "marías"
    leche condensada

PREPARACIÓN:
    Muela las galletas en la licuadora hasta formar un polvo fino, amase con la leche condensada hasta conseguir una

consistencia no pegajosa. Esta masa no debe guardarse por mucho tiempo, las "formas" y las "figuras" refrigeradas se pueden compartir como postre o a la hora del café con los demás miembros de la familia. (Receta: cortesía de Vicky Dana.)

Masa de migajón de pan

INGREDIENTES:
migajón
aceite vegetal

PREPARACIÓN:
Amase el migajón con un poco de aceite vegetal; puede darle color con pinturas vegetales y el tono se puede dejar a medio incorporar para hacer un efecto "marmoleado" y cambiar el estímulo visual.

Efectos especiales

Para lograr los efectos especiales son necesarios los siguientes materiales:
esponjas chicas
acuarela de colores
pliegos de papel bond blanco

Humedezca los pliegos de papel y adhiéralos al piso, moje las esponjas en la pintura y exprímalas sobre el papel para que caigan gotas y se expandan como "estrellas"; sobreponga estrellas de varios colores.

Notas personales entre mi bebé y yo

❦
❦
❦
❦
❦
❦
❦

❧

El derecho de la niña y el niño a jugar

Vital Didonet

Implicaciones políticas y sociales[1]

Introducción al tema

Vamos a iniciar un momento de habla y escucha, que me gustaría fuese distinto de la situación de una conferencia o una clase. En éstas, quien habla tiene el poder del conocimiento y la seguridad de la posición en la mesa, en tanto que quien escucha está desprotegido, en una situación que favorece su vulnerabilidad delante de las ideas y saberes que le son transmitidos.

En el aula modelada por el método tradicional, el maestro o el profesor tiene la palabra como poder y la autoridad como conductor del conocimiento que presenta. Saber y poder se juntan para darle seguridad. Y él puede circunscribirse al conocimiento que se propone transmitir. Sus fragilidades no son reveladas.[2] Al contrario, los alumnos se exponen en el espacio indefinido de lo que puede ser dicho. Se abren al aprehender y al aprender.

---

[1] Conferencia presentada en el Seminario Internacional de OMEP, en la ciudad de México, organizado por el Comité Nacional Mexicano de OMEP, julio de 1996.

[2] Ivete Manetzeder Keile, *Ciladane Armadilla no caminho da escola in GROSSA*, Esther Pilar (Org.). Celebraçao do conhecimento e da Aprendizahe, Río Grande do Sol, GEEMPA, 1995.

No hablo apenas: oigo el sonido de mi palabra, que a mí retorna modificada. En el instante mismo que la pronuncio, la siento como una producción social, ubicada en un contexto particular que es este auditorio en que nos encontramos. La objetivación externa de la actividad mental se sitúa en el territorio social.[3] La palabra, que posibilita esa objetivación, al regresar, despierta nuevas ideas y ayuda a construir nuevo pensamiento.

Esa actitud de habla-y-escucha sobre el derecho de la niña y el niño a jugar nos pone a todos, incluso a mí, a explorar el ámbito y los caminos de la práctica posible de ese derecho, a recibir las ideas socializadas por la palabra y nos pone de retorno a ellas. Los límites del conocimiento de quien habla pueden ser, así, ultrapasados. En el entrelazamiento de las ideas hay una significación que nos toca.

En síntesis, deseo que este momento de encuentro alrededor de las implicaciones políticas y sociales del derecho a jugar sea como aquél descrito por Roland Barthes:

> Me gustaría que el habla y la escucha que acá se trazaran fueran semejantes a las idas y venidas de un niño que juega cerca de la madre, de ella se aparta y después regresa, para traerle una piedrita, un hilito de lana, diseñando así alrededor de un centro tranquilo un área de juego, en el interior del cual la piedrita y la lana importan menos que el don lleno de cuidado que de ellos se hace.[4]

Más importante que las ideas que les iré aportando a lo largo de esta plática es el cuidado que pongo en su selección y ordena-

---

[3] Solange Jobim Souza, Infancia e Linguagein, en *Ciencias humanas campinas*, SP Papirus, 1994.

[4] Roland Barthes, *Aula*, São Paulo, Cultrix ed., 1989.

ción, y el encanto que podremos usufructuar en laborar con ellas. En fin, será la actitud de juego que podemos crear al tratar del derecho del niño y la niña a jugar.

Algunos presupuestos por recordar

Esta primera parte recobra algunas ideas ya dichas en este seminario. Puesto que necesito explicitar las premisas de lo que desarrollaré adelante, se impone volver a nombrarlas, pero cuidaré de hacerlo bajo otro enfoque.

El juego es la actividad propia y característica del niño

Propia, porque el chico o chica juega todo el tiempo; todo lo que hace, como juego lo hace. Y característica, porque la necesidad de jugar lo distingue del adulto, marcado de otras actividades y distintos modos de enfrentarse a la realidad. La niña y el niño viven en "estado de juego"; son personas constitutivamente jugadoras. El *homo ludens*[5] tiene su mejor expresión y las más plena vigencia en la edad infantil. Tanto el niño como la niña se forman en un proceso de juego, de interacción lúdica con las otras personas, con los objetos, con los animales, con los hechos. Hasta éstos, antes de ser "la dura realidad", son la maleable materia de su juego.

Aunque también el adulto parezca jugar, y el juego cumpla una función importante en el recobro de su libertad, en la extraversión de sus energías, en el equilibrio de sus pulsiones,

---

[5] Johan Hutzinga, *Homo ludens, o jogo como elemento de cultura*, São Paulo, Perspectiva, 1980.

en la catarsis de sus frustraciones, como lo señala Hilda Cañeque,[6] hay una diferencia de contenido, de intensidad y de forma en el juego del niño y del adulto. Éste tiene conciencia de que él y el juego son cosas distintas y que el juego es una actividad bajo su dominio, que él puede modificar, interrumpir o intensificar según su interés en el momento. Puede sumergirse en el juego, sabiendo que es capaz de subir a la superficie y saltar fuera cuando quiera. Hay una distancia psicológica entre su "yo" y la actividad lúdica que realiza. Ésta, por tanto, es externa.

Al contrario, en los(as) niños(as) la separación entre el yo y la actividad lúdica es menos nítida. No se percibe a sí mismo(a) como distinto del juego que hace. "Él/Ella-es-jugando". Por eso, les resulta difícil parar de jugar, dejar los juguetes solos cuando les dicen que ya es hora de bañarse, de atender al llamado de la madre para comer, la hora de acostarse. Frecuentemente, hay separaciones sufridas, que un "hasta mañana" a la muñeca, al carrito, al bombero, a los animalitos puede ablandar. Hay sentimientos de que sus amiguitos se van a quedar solos, y que una mirada amiga y un último cariño les harán buena compañía.

No es en comer o en moverse, en cantar o sonreír, en llorar o estudiar, en aprender o en soñar... que se diferencian el niño y el adulto –puesto que en todas las edades uno come, se mueve, canta, aprende, sueña–. De manera diferente, jugar no es común, mejor dicho, no es típico de todas las edades. Podríamos decir que jugar es para los niños como trabajar es para el adulto. De la misma forma que un niño o niña precisa jugar, un adulto precisa trabajar. Ambas actividades nacen de la misma materia prima: los objetos, la naturaleza, las relaciones sociales, la vida.

---

[6] Hilda Cañeque, *Juego y vida, la conducta lúdica en el niño y el adulto,* Buenos Aires, El Ateneo, 1991.

Ambas hacen lo mismo: la manipulan, la transforman. Ambas construyen el sueño. La diferencia está en la finalidad. La niña y el niño juegan porque les gusta e insisten en jugar como si eso fuera una exigencia intrínseca; el adulto trabaja porque necesita, porque es condición de sustento material. Es verdad que hay trabajos agradables, tareas placenteras. Las personas pueden trabajar con alegría y sentimiento profundo de realización personal. Sin embargo, ellas saben que no están jugando, pues las reglas de uno y de otro son distintas. No hay cómo no reconocer profundas diferencias entre el envolvimiento lúdico de los niños y la ocupación laboral del trabajador.[7]

El lenguaje traduce el entendimiento que tiene el adulto del juego como negocio de niños y la diferencia entre las dos actividades. Si quiere que lo tomen en serio, dice: "Esto no es broma". Cuando exige respeto y atención: "No estoy jugando. Hablo en serio". Al mandar hacer una tarea: "Deja de jugar. A tomar baño. Ven a comer. Haz eso..." Al reprender: "¿piensas que estoy jugando? ¡Pues verás!" La maestra de primer grado a los niños que recién llegan del jardín infantil: "Niños, se acabó el juego. Ahora, la cosa es seria".

El juego tiene una razón en sí mismo. El trabajo, una razón extrínseca. Jugar se satisface en sí mismo. La satisfacción del trabajo viene de su producto. De tal modo que, cuando el juego deja de ser interesante, lo abandonan los niños. Jugar forzado es aburrido y el niño o la niña sólo lo hace si le exigen como obligación. Y con eso, ya no es juego sino tarea. Cuando la madre pide al hijo más grande que juegue con su hermanito, si él lo hace contrariando su voluntad, su juego adquiere características de trabajo.

---

[7] Raimundo Dinello, *El derecho al juego*, Estocolmo, Frolaget-Nordam-Comunidad, 1982.

Los niños necesitan jugar como necesitan vivir

Sin jugar, los niños no viven su infancia. Sin jugar, queman etapas, dejando huecos que más tarde se irán a manifestar como bases inestables de la personalidad. Responsabilidades adultas o posibilidades futuras construidas sobre ellas podrán desmoronarse. Obligados a cubrir el tiempo de juego con actividades no-lúdicas, con responsabilidades y compromisos de trabajo, tienen que aceptar la vida, la naturaleza, las leyes, los hechos antes de haberlos manipulado como objetos de su dominio, de su sueño, de su poder. Y no construirán los conocimientos de ellos como hechos históricos y, por tanto, mutables. No los conocerán como hechos culturales, sino como naturales y, por tanto, impositivos, inmutables.

El ejercicio del juego, que en el fondo es una interacción existencial re-creadora[8] con los objetos y los hechos, le da al niño(a) experiencia y conciencia –nacida de esa experiencia– de que la realidad es mutable. Más que dados de la naturaleza, lo son de la cultura. Fatalismo, aceptación de situaciones injustas, sumisión a los poderes hegemónicos pueden ser más fácilmente perpetuados por personas que no "tuvieron infancia", que no la han podido vivir como tiempo lúdico. Si no les ha sido permitido, como niños, jugar con lo que veían, con lo que les chocaba o sorprendía, se quedaron impedidas no apenas de moldear tales "cosas externas" a los filtros afectivos y de cognición que poseían, sino que no han ejercitado el poder de cambiarlas, de someterlas a su poder transformador, de adecuarlas a su capacidad de asimilación. Teniendo que aceptarlas como "realidad",

---

[8] La palabra *recreación*, sinónimo de juego, entretenimiento, actividad lúdica, curiosamente significa también el acto de crear de nuevo, de rehacer las cosas, de darles nueva forma y apariencia. Recreación es nueva creación.

¿por qué no habrían de continuar aceptándolas como tal? Ya lo había dicho Walter Benjamin:

> Es probable que ocurra lo siguiente: antes de penetrarnos, por el arrebatamiento del amor, a la existencia y al ritmo frecuentemente hostil y no más vulnerable de un ser extraño, es posible que ya hayamos vivido esa experiencia desde muy temprano, a través de los ritmos primordiales que se manifiestan en esos juegos con objetos inanimados en las formas más sencillas. O mejor, es exactamente a través de esos ritmos que nos volvemos señores de nosotros mismos.[9] Es por medio del juego, en la infancia y del trabajo, en la edad adulta, que el hombre ejerce el poder sobre la naturaleza, produce la cultura, hace la historia.

La niña y el niño aprenden el misterio jugando con él

El juguete es el vehículo y el juego es el camino que los niños siguen para llegar al corazón de las cosas, para descubrir los secretos que esconde una mirada sorprendente o acogedora, para deshacer temores, para explorar lo desconocido. Es por mediación del juego que logran tomar el misterio en la mano, sin quemar su corazón, sin enredarse en dudas insolubles o aplastantes. ¿Qué son la autoridad, poder dar órdenes y exigir obediencia, la muerte, la oscuridad, el fuego, el incendio, una pelea, la agresividad, la solitud, la tristeza, la alegría... sino misterios que piden ser revelados? ¿De dónde viene su poder? ¿Por qué existen? ¿Es posible vivir con ellos? Todo es materia de juego y, por medio de él, todo es traído para el reino de lo

---

[9] Walter Benjamin, *Reflexões: A criança o brinquedo, a educaçao*, São Paulo, Sumus Editorial, 1984.

posible, de lo aceptable y lo modificable. No tenemos tiempo, ahora, para analizar los varios temas incluidos en este texto. Uno nos basta como ejemplo.

Mateus tenía dos años y medio cuando el piloto de Fórmula 1, J. V. murió en un accidente, en Canadá. Mateus seguía las carreras, que le encantaban, y vio el accidente en la televisión. Se quedó tan impresionado que durante unos dos meses hablaba sobre el carro que se había volcado y el hombre muerto. A la noche, casi dormido, abría los ojos y decía: "Papá, el carro se volcó y el piloto murió". Con frecuencia, lo veíamos jugando la Fórmula 1, haciendo que los carros se estrellaran y salvando a los pilotos.

Los días siguientes a la muerte trágica de los *Mamonas Assassinas*,[10] en accidente aéreo, era común ver niños rehaciendo las escenas de la televisión: un avión piloteado por la mano de un niño chocaba en una loma y explotaba. Inmediatamente, una niña llegaba con un helicóptero de rescate, que izaba a los heridos del medio de la selva y los llevaba al hospital. Médicos y enfermeras apresuradas entraban en acción y salvaban la vida de los accidentados. Las escenas se repetían muchas veces, con algunas variaciones, en distintos lugares del patio, prevaleciendo el socorro, la vida y el regreso de todo a la armonía.

Por el juego, los niños sometían las fuerzas misteriosas que comandaban a la vida. Jugando, impedían que la muerte hiciera que la vida se sumiera sin vuelta y callara sin respuesta. En el juego, si el niño o niña no la acepta y no sabe qué hacer con ella, la muerte pasa lejos; después, a ella le es permitido dar la cara, pero es expulsada por la vida, que la domina: finalmente, si es capaz de asimilarla, le permite que se sobreponga a la vida.

Jugando, los niños re-crean el mundo, re-hacen los hechos, no para cambiarlos simplemente o para contestarlos, sino para

---

[10] Conjunto musical de origen humilde que electrizaba a los niños y adolescentes en Brasil en los años de 1995 y 1996.

adecuarlos a la capacidad de asimilación, a los filtros de comprensión. Hay dos tipos de filtros: el cognitivo y el afectivo. Algo puede caber en el cognitivo, y no en el afectivo. El juguete y el juego facilitan el tránsito del cognitivo al afectivo.

Educación y juego son inseparables

Los educadores preescolares, más que nadie, conocen la extensión y la profundidad de esa relación

¿Cómo la educación opera sus efectos, cómo produce resultados en el niño y la niña? Normas, valores, informaciones, conocimientos ya elaborados, experiencia y práctica de los adultos... llegan a los niños por el ejemplo y por la palabra. Sin embargo, ellos no son, con todo, educación. Constituyen el acervo cultural, transmitido, de la familia, de un pueblo, de la humanidad. ¿Cómo generan efectos dichas transmisiones? En otras palabras, ¿cómo se vuelven educación, entendida como un proceso social de construcción de la personalidad, de desarrollo integral y aprendizaje de la vida? Según los más recientes descubrimientos de la psicología, eso se hace por medio de la actividad del niño(a) mismo(a) en una determinada relación social. Y su actividad es juego, desde los primeros días de la vida. Se involucra todo en el juego: cuerpo, inteligencia y afecto. Y juega con todo lo suyo: con la mano, los ojos, el cuerpo, con la palabra, con el llanto y la risa, con la narración y la fantasía...

Quienes enseñan saben que el ambiente lúdico es el más propicio para el aprendizaje. Mejor dicho, es el único que produce verdadero aprendizaje. Es, por lo tanto, lo que promueve el desarrollo del niño y la niña.

Consideramos la creatividad una de las cosas más lindas y ricas en los chicos. En comparación con el adulto, el niño(a) es más creativo(a). Y eso, porque su capacidad creativa no está, aún, sometida, rutinizada, cercada por el hábito. La creatividad es la forma en que el niño(a) encuentra de encarar a la vida, los hechos, las cosas. Contrariamente a los adultos, que ya se encuentran muy "acostumbrados" –y léase "prisioneros" de los hábitos, de las rutinas, de la repetición, y que por eso ya no se educan más, quizá porque estén bastante educados– a los niños(as) les gusta re-crear, re-ver, re-hacer, repetir insistentemente, encontrando en cada repetición una novedad, una modificación, una revelación nueva. La creatividad está en el inicio de una línea; el hábito, en el final. La repetición, hacer siempre de nuevo, tan presente e intrínseco en el juego, promueve el pasaje progresivo de un período de creación para un hábito. Según Walter Benjamin, "La esencia de jugar no es un 'hacer como si', sino un 'hacer siempre de nuevo', transformación de la experiencia más comoviente en hábito. Pues es el juego, y nada más, que da a la luz todo hábito [...] Formas petrificadas e irreconocibles de nuestra primera felicidad, de nuestro primer terror, he aquí los hábitos". [11]

En síntesis: si el juego es la actividad propia del niño y de la niña, su forma de estar delante del mundo social y físico e interactuar con él, la puerta por la cual entra en conexión con las otras personas y las cosas, el instrumento para la construcción colectiva del conocimiento, en fin, si necesita jugar para ser él/ella mismo(a), para desarrollarse, para construir conocimientos, para expresar sus emociones, entender el mundo que llega hasta él/ella, podemos afirmar que:

1. La niña y el niño tienen derecho a jugar.

2. Los adultos tienen obligación de posibilitar el ejercicio de ese derecho.

3. La sociedad y el Estado tienen responsabilidades frente al juego, como las tienen con la educación del niño y la niña.

---

[11] Walter Benjamin, *op. cit.*

Implicaciones políticas y sociales

"La historia de la civilización no puede ser escrita sin un capítulo sobre los juegos y los juguetes."[12]

El juego hace parte del proceso de construcción de la ciudadanía

No es una mera diversión, una actividad pasatiempo, una simple distracción. Ni una ocupación para que los niños no perturben a los adultos. No es una actividad individual independiente. Jugar está en la esencia del proceso de construcción social de la personalidad del niño(a).

Porque el hombre es un ser político, desde el nacimiento comienza a elaborar los instrumentos que necesita para vivir en sociedad, en la *polis*, o en la *civitas*. De ahí, "político" o "ciudadano". Una de las características de las personas que ejercen la ciudadanía es la autonomía. Autonomía de pensamiento, autonomía moral... ¿Y cómo pasan los niños de la heteronomía a la autonomía?

En el juego, los niños lidian con la regularidad y la modificabilidad de los acontecimientos, pasan a comprender la importancia y la necesidad de las reglas. Ellos mismos definen reglas para un juego, las modifican, exigen sean cumplidas para que el juego sea posible. Elaboran interiormente la comprensión de que la regla –o la ley– es una construcción colectiva para el buen funcionamiento de una actividad social, para lograr un propósito común. Llegan a la aceptación de la regla como una cosa necesaria, pero mantienen la conciencia de que las reglas son hechas o aceptadas por las personas involucradas en una determinada

---

[12] Kokjara citado por Marjanovic, The *Theorical and Methodological Problems Concerning the Project on Traditional Games*, OMEP, mimeo.

actividad, y de que ellos las pueden modificar cuando hubiera necesidad.[13]

Vemos una etapa del proceso de formación de ciudadanos conscientes y críticos, capaces de influir en los rumbos de la sociedad.

Los niños privados de jugar tienen menos oportunidades de llegar a esa comprensión. Desde temprano, son guiados por normas, reglas y leyes hechas por los adultos, a las que deben someterse, so pena de castigo o represión. Pueden llegar a ser más autoritarios, si lo único que han aprendido es encarnar a la ley como un dictamen incuestionable, inmutable. ¡Cómo pueden volverse acomodados delante del *status quo*, a consecuencia de no haber vivido una experiencia de poder sobre reglas y leyes, una experiencia que les podría haber enseñado formas de influir y participar de cambios, de actos de dar nueva fisonomía a acontecimientos y reglas!

La disminución de los espacios de juego, en las casas, los apartamentos, las ciudades; la disminución del tiempo de jugar, por la anticipación de los deberes escolares, por el rellenamiento del día de los niños con cursos y actividades, además de las clases, tendrá probablemente repercusiones sobre la construcción de la autonomía, sobre el aprendizaje de las relaciones sociales normalmente construidas en situaciones de juego.

Hay quienes afirman que existe interés en grupos dominantes en mantener parte del pueblo heterónomo, sometido acríticamente. En cuanto aquellos grupos hacen y deshacen las leyes, siempre preservando sus privilegios, las clases subalternas les sirven, satisfechas y alegres, en la proporción de los "beneficios" que de ellos reciben. Eso sirve para obtener votos en la elecciones y trabajadores para los puestos definidos por distintos segmentos económicos.

---

[13] Raimundo Dinello, *op. cit.*

No podemos atribuir al juego, en la infancia, un poder mágico de hacer del niño y de la niña ciudadanos críticos a lo largo de toda su vida, y capaces de analizar objetivamente las fuerzas subyacentes que dominan las relaciones económicas, sociales y políticas. Hay necesidad de una secuencia coherente del proceso educativo, de la infancia a la adolescencia, de la adolescencia a la juventud, en el sentido de formar la conciencia del ciudadano. El juego, seguramente, ejerce un rol decisivo en ese proceso. Es por eso que políticamente es importante.

El juego debe ser afirmado como derecho

Si jugar es un derecho de la niña y el niño, la defensa de ese derecho y la garantía de su realización deben estar en el ámbito jurídico, de las leyes, de las normas, del derecho. Existen dos espacios donde ese asunto puede ubicarse jurídicamente:

a) En los derechos de la persona
b) En los derechos del consumidor

En relación con el primero, tenemos la Convención de Naciones Unidas sobre los Derechos del Niño, que afirma en su artículo 31:

1. Los Estados Partes reconocen el derecho del niño al descanso y al entretenimiento, al esparcimiento y a las actividades recreativas propias de la edad, bien así a la libre participación en la vida cultural y artística.

2. Los Estados Partes respetarán y promoverán el derecho del niño a participar plenamente de la vida cultural y artística y estimularán la creación de oportunidades adecuadas, en condición de igualdad, para que participen de la vida cultural, artística, recreativa y de entretenimiento.

Por lo menos los países que han ratificado la Convención tienen la determinación legal (obediencia a una norma internacional ratificada por el país) de proteger el tiempo de la infancia, garantizando a los niños condiciones de jugar.

En el ámbito de los países, hay legislaciones que tratan el asunto. En el caso de Brasil, por ejemplo, tenemos el artículo 227 de la Constitución Federal que dice:

> Es deber de la familia, de la sociedad y del Estado asegurar al niño(a) y al adolescente, con absoluta prioridad, el derecho a la vida, a la salud, a la alimentación, a la educación, al entretenimiento, a la profesionalización, a la cultura, a la dignidad, al respeto, a la libertad y a la convivencia familiar y comunitaria, además de protegerlos contra toda forma de negligencia, discriminación, explotación, violencia, crueldad y opresión.

El término *entretenimiento* tiene una interpretación aclaratoria, incluido específicamente el juego.

El Estatuto del Niño y del Adolescente (Ley número 8.069/90) establece la directriz de que "los municipios, con apoyo de los estados y del gobierno federal, estimulen y faciliten la destinación de recursos y espacios para programaciones culturales, deportivas y de recreación para la infancia y la juventud" (artículo 59).

El derecho del consumidor, regulado por ley en algunos países, establece exigencias aplicables también a los juguetes:

- Prohibición de propaganda engañosa, que induzca a comprar un juguete que no corresponde a lo anunciado.
- Exigencia de informar la edad apropiada para uso del juguete (o que es impropio para niños con menos de "X" edad).

- Correspondencia entre el dibujo en la caja que lo contiene y el objeto contenido, o la observación de que el dibujo es apenas demostrativo de su uso.
- Advertencia, en el empaque o en el juguete mismo, sobre los cuidados en su uso y los eventuales peligros, etcétera.

Recientemente, con base en la Ley de los Derechos del Consumidor, fueron presentadas a la justicia en Brasil, dos acciones de indemnización, una contra una emisora de televisión, otra contra una editorial. La emisora de TV había presentado en un programa de diversión y aventura un desafío entre jóvenes en el que había que humedecer una pelota con alcohol, prenderle fuego y jugar con ella. Al día siguiente, dos adolescentes quisieron hacer lo mismo y ambos murieron quemados. La editorial publicaba un pequeña revista con bromas para engañar a los demás. Al aplicar una de ellas, los niños herían a terceros.

El derecho a jugar equivale al derecho a la infancia

Si jugar es típico del niño y la niña, si la infancia es una edad de juego, si la actividad más extensa, más intensa, más característica de la infancia es la ludicidad, no se puede concebir la infancia sin el juego. Impedir el juego equivale a robarle la infancia al niño(a), anticipar la vida adulta.

El trabajo precoz, al que millones de niños son forzados por necesidad económica de la familia o por actitud explotadora de los patrones, arranca la infancia a los niños y les produce una cara de "adulto-antes-de-tiempo". El trabajo en situación de semiesclavitud que viste de negro el rostro de niños carboneros, que corta dedos o manos de niños en la cosecha de agave (sisal), que hiere los pies de chicos en pedreras, que aísla en las montañas a niños pastores, les quita a todos ellos el tiempo de jugar, las condiciones de ir a la escuela y de estudiar. La economía que ellos producen para su familia o para el país es contra sí mismos. Ella es artífice de la perpetuación de sus condiciones de sometimiento y de bajos ingresos durante la vida.

El derecho de la niña y el niño a jugar implica el deber del Estado de prohibir el trabajo infantil y de castigar a los que someten al niño y al adolescente a un trabajo inadecuado para su edad.

Una política para el entretenimiento de los niños[14]

Consideraciones preliminares

Podemos afirmar que vivimos en un mundo en el que no hay una política para el entretenimiento del niño(a). Uno de los pocos espacios donde se puede decir que hay, aunque superficialmente, una política educacional pública o gubernamental para el juego infantil es en los centros de educación preescolar (porque forma parte del método de trabajo pedagógico) y en la escuela primaria y secundaria (en donde entra como "recreación", "actividades físicas", o "educación física"). Pero, a los primeros tiene acceso apenas un pequeño porcentaje de niños que no pasa de 30% en los países en desarrollo. Y en las escuelas, en cuanto actividad curricular, el juego adquiere otro sentido y pierde algunas características propias del juego infantil.

Con excepción de algunas normas locales sobre espacios de recreo en conjuntos habitacionales o edificios residenciales, el resto de la ciudad está entregado al libre comercio, al interés de

---

[14] Escogemos esa palabra, en este texto, para expresar el conjunto de actividades relacionadas con el derecho del niño y la niña a jugar.

la iniciativa privada. Empresas privadas y algunos gobiernos vienen reproduciendo *disneyworlds* adaptados o reducidos. Una Disneylandia no es una política de recreación, sino un negocio comercial al que tiene acceso un número bastante limitado de niños, aquellos cuyos padres pueden pagar su costo. Un aspecto que debe ser puesto antes es la formulación de una política democrática de promoción del entretenimiento y acceso para todos los niños al juego y al juguete.

Algunos requisitos de una política para el entretenimiento infantil [15]

1. La política pública para el entretenimiento debe ser democráticamente demarcada: en su formulación deben tener voz los niños, los jóvenes, los padres, las comunidades, las organizaciones no gubernamentales interesadas en el asunto, los partidos políticos, las instituciones del gobierno, etcétera. Eso puede hacerse de abajo para arriba, a partir de los municipios, hasta llegar a la esfera federal. Responsabilidades y compromisos pueden ser definidos y asumidos en el proceso mismo y por cada uno de los niveles administrativos.

2. Esa política no puede ser un conjunto de acciones independientes, desarticuladas de otras del área social, sino debe incluirse en los objetivos de elevación del nivel de vida cultural de la población. Es en ese contexto que el niño(a) podrá beneficiarse más ampliamente.

3. La política para el entretenimiento, en el área del niño(a) preescolar, objetiva la realización del derecho a jugar, que es de todo niño y niña. Debe ser un instrumento de igualación de las oportunidades de acceso al juguete y al juego. Para poder oponerse a la discriminación, tiene que priorizar las áreas en donde las carencias de la población son mayores.

---

[15] Marie Therese Goutmann, *Et l'enfant?*, Editions Sociales, París, 1979.

4. El entrenamiento debe hacer parte de una política para la infancia, ubicándose, por lo tanto, en los objetivos de desarrollo integral e integrado del niño y la niña.

5. La planeación del entretenimiento público de los niños debe buscar el complemento armonioso entre las distintas actividades de juego y diversiones al aire libre, actividades culturales y artísticas.

6. Es parte de esa política la formación del personal para el entretenimiento infantil (por ejemplo, para las ludotecas comunitarias).

Desafíos y tareas concretas para la Organización Mundial para la Educación Preescolar (OMEP)

Tenemos que hacer algo más decisivo, más fuerte y más eficaz de lo que hemos hecho hasta ahora. Una conferencia, un congreso, un seminario, reuniones, artículos en periódicos, etcétera, pueden traer contribuciones importantes, pero no bastan. Más gente formada en educación infantil puede ser necesaria, pero no basta. Carecemos de una acción más directa para revertir la situación de progresiva pérdida del espacio y del tiempo para jugar de los niños.

¿Qué acción?, ¿quién la hará?, ¿cómo desarrollarla? No podemos coincidir con la adultización precoz de los niños trabajadores –agobiados por la exigencia de ganar dinero para el sustento de la familia–. De la misma forma, no podemos hacer silencio cómplice con la sobrecarga del día entero de los chicos y chicas de tres, cuatro, cinco años con tareas, deberes, cursos de alto rendimiento, con elevada exigencia de los padres. No podemos admitir que nuestros niños sean víctimas de esa situación anti-juego, es decir, anti-niñez.

Organización Mundial para la Educación Preescolar (OMEP) es una institución internacional que se ocupa de la defensa de los derechos de la niña y el niño, específicamente del derecho a la educación. Como la educación infantil se hace por medios lúdicos, OMEP tiene la obligación de concentrar sus energías en:

- La afirmación del derecho de la niña y el niño a jugar.
- Recobrar los medios que posibiliten que se cumpla ese derecho.
- La puesta en práctica de un programa de acción que lleve a los niños y niñas al juego y el juego a éstos.

Como sugerencias, relaciono algunos asuntos que pueden ser objeto de trabajo de los comités nacionales de OMEP:

En el nivel macro:

1. Revisar la legislación nacional sobre los derechos de la niña y el niño.

2. Interesar profesores universitarios y organizaciones que luchan en pro de la causa de los niños y niñas para que hagan un estudio sobre la situación nacional del derecho a jugar.

3. Concienciar a los políticos (por lo menos uno en cada congreso nacional) sobre ese derecho.

4. Organizar y movilizar organizaciones de la sociedad civil para hacer presión política sobre los legisladores, exigiendo leyes de protección al derecho a jugar.

5. Tomar parte en los consejos y otras organizaciones que influyen en las políticas sociales y en la política educacional (por ejemplo, en Brasil, OMEP participa del Consejo Nacional, de algunos consejos estatales y de consejos municipales de los Derechos del Niño y del Adolescente; participa, también, de varios consejos de Desarrollo Social, que son municipales).

6. Interesar a los medios de comunicación social –televisión, radio, prensa– en ese asunto (por ejemplo, promoviendo un premio para el mejor reportaje).

7. Asociarse a organizaciones nacionales e internacionales que tienen objetivos dirigidos hacia el derecho de la niña y el niño a jugar (por ejemplo, la Federación Latinoamericana de Ludotecas, Flalu).

8. Crear, si no existe, o, si existe, asociarse a una asociación nacional por el derecho de la niña y el niño a jugar (por ejemplo, en Brasil existe la Asociación Nacional de "Juguetoteca").

En el nivel micro:

1. En el recinto de la familia:

- Los padres tienen que renunciar, por unos años, a la casa bien arreglada y la sala bonita para las visitas, a cambio de un espacio para el juego libre y creativo de sus hijos. Un "cuarto en desorden" no basta, porque jugar es un acto social. Aunque el chico o chica juegue solo(a), la mirada del adulto o de un hermano, la presencia, incluso silenciosa de la madre o del padre, son personajes muy importantes en sus juegos. Todo juego tiende a involucrar al otro y, desde temprano, es un juego de relación humana. No sería una buena pedagogía mandar al niño o a la niña al cuarto para no desarreglar la sala no perturbar la comodidad de los adultos que quieren mirar la televisión.

- Si fuera necesario optar entre la compra de un objeto para la casa y un juguete, y se puede postergar aquél, es una buena decisión preferir el juguete. Si uno puede gastar algún dinero en algo además de la comida, la ropa, las medicinas, que lo sea en juguetes.

- Si hay una cosa que debemos enseñar a nuestros hijos desde pequeños, es la fraternidad y la solidaridad. El niño(a) desarrolla esos sentimientos, por ejemplo, dando un plato de comida a una persona que tiene hambre y un juguete a un(a) niño(a) pobre. La solidaridad en torno al pan y en torno al juguete. Hay juguetes a los que los niños se vinculan afectivamente hasta la edad adulta, por una determinada razón, y les es difícil dárselo a otro niño. Pero la mayoría de los juguetes pueden ser dados sin traumas. ¿Por qué mantenerlos en armarios o en un atril, como tótem que nadie adorará?

2. En la comunidad:
- Luchar por la creación de espacios colectivos de juegos –plazas, parques infantiles, *playgrounds* junto a edificios residenciales, como en la película *Viver*, de Kurosawa–.
- Incentivar y promover la instalación de ludotecas en las áreas más necesitadas (barrios, hospitales, etcétera). La ludoteca no es el único espacio, pero sí es un buen ejemplo, por la sencillez y facilidad de instalación, de cómo el juguete puede llegar hasta los niños y éstos viven lúdicamente parte de su tiempo de infancia.
- Formar personal para las ludotecas, con una profunda comprensión del juego infantil y habilidad para actuar de forma adecuada.
- Promover campañas de recaudación de juguetes para niños que no los pueden comprar. Eso tiene un sentido educativo para la sociedad, en cuanto hace pensar en el derecho de todos los niños a jugar y se involucra a la gente en una acción que hace posible el juego para un número más grande de niños y niñas.

Conclusión

Tomo los versos de Thiago de Mello[16], "Toada da ternura", para asociar juego con infancia e infancia con ternura:

Vamos andando, Leonardo.
Tú vas de estrella en la mano,
tú vas llevando el pendón,
tú vas plantando ternuras
en la madrugada del suelo.
Mi compañero niñito
en este reino serás hombre,
un hombre como tu padre
mas lleva contigo la infancia
como una rosa de flama
ardiendo en el corazón:
porque es de infancia, Leonardo,
que el mundo tiene precisión.

Vital Didonet es vicepresidenta de la Organización Mundial para la Educación Preescolar (OMEP) para América Latina, filial de ONU.

---

[16] Thiago de Mello, *Faz escuro, mas en canto* (*porque a manhã vai chegar*), Río de Janeiro, Civilizaçao Brasileira, 1965. Ese verso fue citado por Euclides Redin en su artículo: "Educaçao infantil: construçao da cidadania e practica pedagogica", en Luis Heron Silva y Jose Clovis de Azevedo, Paixão de Aprender II, Petropolis, RJ, Vozes, 1995.

Discografía

Mozart para bebés.
Bronstein, R., *Cantar es divertido*.
Bronstein, R. *et al., Juguemos a cantar.*
Cri-Cri, Obra completa.
Hermanos Rincón, Obra completa.
Alberto Lozano, Obra completa.
César Tort, *El niño y la música.*
Vivaldi, *Las cuatro estaciones.*
Yanni, música.
Cantos gregorianos.
Canciones de cuna en general.
Música de flauta dulce.
Piero, *Sinfonía inconclusa en la mar.*
Rondas infantiles tradicionales.
Debussy, *Preludio a la siesta de un fauno.*
Música barroca en general.

Bibliografía

Antología de rimas adivinanzas y juegos tomo II, Imagen Editores, Secretaría de Educación Cultura y Bienestar Social, México, 1993 (compilación: Delia Manilla G., María Magdalena López C. y Silvia H. Hernández A.).

Aucouturier, B. Lapierre A., *Simbología del movimiento*, Científico-médica, Barcelona, 1983.

Barret, Giselle, *Pedagogía de la situación en expresión dramática y en educación*, Ediciones Recherche en Expression, Universidad de Montreal, Quebec, 1991.

Gesell, A., *El niño de 0 a 3 años*, Paidós, Buenos Aires, 1977.

González, Garza, A. M., *El niño y su mundo*, Trillas, México, 1987.

Lapiere, A., *El adulto frente al niño*, Dossat 2000, Barcelona, 1988.

Mendel, G., *El psicoanálisis revisitado*, Siglo XXI, México, 1990.

Sefchovich, G., *et al.*, *Hacia una pedagogía de la creatividad*, Trillas, México, 1985.

_____, *Expresión corporal y creatividad*, Trillas, México, 1992.

UNICEF-PROCEP, *Mi niño de 0-6 años,* Equipo Editor, México, 1988.

Viskin, N., *Pregunte a su bebé,* Editorial Pax, México, 1976.

Winicott, D. W., *Realidad y juego,* GEDISA, Barcelona, 1992.

Esta obra se terminó de imprimir
en mayo de 2015, en los Talleres de

IREMA, S.A. de C.V.
Oculistas No. 43, Col. Sifón
09400, Iztapalapa, D.F.